1인자를 만든
2인자들

이철희 지음

2권

BF북스
BARRIER FREE BOOKS

머리말

2인자, 누구인가?

조직에서 두 번째 높은 지위에 있는 사람이 2인자다. 이런 이해는, 거두절미하고 잘못된 것이다. 무지 혹은 오해, 그것도 아니라면 왜곡이다. 총리가 2인자인가. 아니다. 2인자는 지위 개념이 아니라 역할 개념이다. 2인자는 1인자 다음으로 가장 중요한 역할을 수행하는 참모다. 비록 사장 바로 밑의 부사장이 아닌 과장일지라도 그가 가장 중요한 역할을 수행한다면, 그 사람이 2인자다. 따라서 2인자라 함은 가장 중요한 역할을 맡은, 가장 질적으로 기여하는 참모를 말한다. 2인자란 넘버 투number two가 아니다. 비유하자면, 롤 투role two다. 퀄리티 투quality two다. 게다가 2인자는 한 사람이 아니다. 유방을 보자. 전략에선 장량이 2인자다. 행정에선 소하가

2인자다. 야전에선 한신이 2인자다. 이처럼 2인자의 역할을 하는 사람은 기능에 따라, 사안에 따라 얼마든지 달라진다.

어느 조직이든 단 한 사람 1인자를 제외하곤 궁극적으로 모두 참모다. 또 어느 누구든 2인자가 될 수 있다. 1인자와 2인자, 리더와 참모의 본질적 차이는 서열이 아니다. 주종이 아니다. 역할의 대등한 분담이다. 1인자와 2인자, 리더와 참모 간에 어떻게 역할을 나누어야 하는지에 대해선 정답이 없다. 수없이 다양한 모델이 존재한다. 이 책에 등장하는 1인자와 2인자도 각각 다른 역할 분담의 양태를 보여주고 있다. 그러나 모습이 비록 다양할지라도 본질은 하나다. 상호 보완적이어야 한다는 것이다. 리더와 참모를 나누는 이유는 실패를 막고, 성공하기 위해서다. 그것이 실패를 막는 데 가장 효과적이고, 그것이 성공을 낳는 데 가장 효율적이기 때문이다. 따라서 협력과 상보도 있어야 하지만, 길항과 견제도 있어야 한다. 그러므로 한쪽이 일방적으로 희생하는 것이나 한쪽이 일방적으로 독주하는 것은 잘못이다. 역할 분담의 존재 이유를 부정하는 것이다. 그 부정의 결과는 위축, 탈락, 도산, 부도와 같은 패배뿐이다.

자… 리더십은 결코 1인자의 전유물이 아니다. 그래서도 안 되고, 그럴 수도 없다. 1인자에게 필요한 리더십이 있고, 2인자에게 요구되는 리더십이 있다. 리더에겐 리더의 리더십이, 참모에겐 참모의 리더십이 있다. 바로 '참모 리더십'이다. '참모 리더십'이란 말은 일종의 형용모순形容矛盾이다. 리더leader가 발휘하는 지도력이 리더십leadership이라고 보면 참모 리더십이란 말은 어불성설이다. 그러나 현실은 그렇지 않다. 장량의 참모 리더십이 없었다면 과연 유방이 한漢 왕조 창업에 성공했을까. 정도전 없이 이성계가 왕위에 올랐을까. 이 책은 탁월한 2인자가 위대한 참모 리더십을 발휘해 리더를 성공시킨 이야기다. 참모 리더십이 개인이나 조직의 성패를 좌우한다는 것이 이 책의 명제다. 발칙한 결론이다.

물었다.

"나 같은 사람은 얼마나 많은 군대를 이끌 수 있겠소?"

대답했다.

"넉넉잡아 십만 명 정도는 이끌 수 있을 것입니다."

또 물었다.

"그럼 너는?"

또 대답했다.

"많으면 많을수록 좋습니다多多益善."

뾰로통해서 물었다.

"그렇게 잘났는데 왜 내 밑에 있나?"

마지못해 대답했다.

"그대는 군대를 이끌 수는 없지만, 장수를 거느릴 수는 있습니다. 이것이 제가 그대 밑에 있는 이유입니다."

『사기』에 나오는 유방과 한신의 대화다. 리더 유방이 물었고, 참모 한신이 대답했다. 여기서 한신의 대답이 리더십의 핵심을 명쾌하게 짚고 있다. '장수를 리드하는 것이 리더의 리더십이라면, 병사를 리드하는 것은 참모의 리더십이다.' 유방은 장량, 소하, 한신과 같은 참모들이 리더십을 발휘하도록 해 성공했다. 이처럼 한 왕조는 참모 리더십과 리더 리더십이 어우러져 낳은 결과물이다.

참모 리더십을 주장한다고 해서 참모가 리더보다

위에 있다는 것이 아니다. 더 중요하다는 것도 아니다. 다만 개인이든 조직이든, 구멍가게든 대기업이든 참모 리더십이 성공이나 승리의 핵심 요체라는 점을 말하고 싶은 것이다. 보스나 리더 혼자 아무리 잘나도 한계가 있다는 점을 지적하고 싶은 것이다. 원맨쇼, 무지한 리더의 착각이요 패망에 이르는 왕도라는 사실을 알리고 싶어서다. 한 사람을 제외하곤 우리 모두 참모로서 살고 있기 때문에 바로 우리들의 기를 살려주려는 희망 때문이다. 낮은 곳에서 일하는 그대, 그대가 세상의 주인이다. 주저 없이 리더십을 발휘하라. 뭘 주저하랴. 성패는 그대에게 달렸다.

이 책은 약 6년 전에 출간했던 『1인자를 만든 참모들』의 개정판이다. 제법 세월이 흐른 뒤에 다시 읽어보니 부끄러운 대목이 적지 않았다. 글의 상당 부분을 새로 쓰다시피 했다. 매끄러운 문장이 되도록 퇴고를 거듭했다. 초판에서 조명한 8명의 인물 중 2명을 교체했다. 클린턴을 도운 딕 모리스와 세조의 한명회를 뺐다. 대신 오바마를 대통령으로 만들어낸 데이비드 액설로드와 삼성의 2인자를 지낸 이학수를 새로 넣었다. 시의와 인물의 품격을 고려했기 때문이다. 『1인자를 만든 참모들』에 보여준 독자들의 반응은 고맙기도 하고, 큰 부담이기도 했다. 어떻게 해서든 고마움을 표하고, 부담을 덜고 싶었다. 그래서 잘 다듬어 더 나아진 모습으로 다시 출간하는 방법을 선택했다. 그런데 책을 내는 이 순간에도 마음이 영 개운치 않다. 여전히 뭔가 부족하다는 느낌이다. 필자의 무능 탓이리라.

이승훈의 시 〈암호〉에 나오는 한 구절로 마음을 전하련다.

존재는 끝끝내 몸부림 속에 있습니다

6년 전의 글을 보며 글쓴이가 한탄했다.

"어휴~, 그땐 왜 이렇게 글을 못 썼을까."

위로를 받으려 했건만, 이제 중학교에 들어간 아들놈이 아비 가슴에 대못을 박는다.

"지금은 잘 쓰고?"

와이프라는 사람은 옆에서 재미있다고 배를 잡고 웃는다.

"내 참, 이것들을 처자식이라고…."

그래도 이들 때문에 행복을 느끼며 산다. 고맙다.

2009년 4월 이철희

참모 십계명

1 무릇 모든 사람은 참모다. 참모가 리더십을 발휘해야 조직이 산다. 내 안에 잠자고 있는 참모 리더십을 깨우라. 주저하지 말고 마음껏 설치라.

2 참모는 종복從僕이 아니다. 알랑거리는 졸개가 아니다. 명심하라, 보스와 참모는 대등한 파트너다. 절대로 굽실거리지 말라. 추하다.

3 성패와 흥망은 참모의 몫이다. 자부심을 가지라. 미친 듯이 일하고, 후회 없이 승부하라. 그러나 진인사盡人事할 뿐 결과는 하늘에 맡기라.

4 노No라고 말하는 데 행여 머뭇거리거나 잠시 망설이지도 말라. 참모의 예스Yes는 때깔 고운 독약이다. 교언巧言과 영색令色은 잊으라.

5 보스보다 한 발 먼저 보고, 한 뼘 넓게 보고, 한 치 깊게 보라. 시킨 일만 하면 로봇이지 참모가 아니다.

6 권모술수, 변칙, 기책奇策보다는 기본과 정도正道에 충실하라. 그러나 상식과 통념에 무조건 따르지는 말라. '왜?'라고 묻고, 뒤집어 보라.

7 항상 지피知彼보다 지기知己에 더 유념하라. 남은 관대하게 대하고 넉넉하게 평가하라. 나는 차갑게 대하고 야박하게 사정査定하라.

8 권력이나 자리에 연연하지 말라. 일을 욕심내라. 업적을 탐하라. 권력은 50% 이상 쓰지 말라. 자리는 조금 낮게 취하라.

9 들 때와 날 때, 오고 갈 경우를 잘 분별하라. 좋은 일에는 한발 늦게 나서고, 나쁜 일에는 한발 늦게 물러서라. 양보하고, 희생하라.

10 매사 뜻대로, 매양 마음대로, 줄곧 계획대로 되는 것은 없다. 그것은 피할 수 없는 인간사의 한계다. 과정을 즐기라.

리더 십훈요

1 누구나 리더고, 누구나 참모다. 잘나서 리더, 못나서 참모라는 생각은 착각이다. 역할의 차이일 뿐이다.

2 리더의 성패는 곁에 어떤 참모를 두느냐에 달렸다. 참모는 부하가 아니라 성공의 파트너다. 참모를 심우心友로 공경하라.

3 리더는 듣는 사람이다. 많이 들으라. 경청, 그것은 지혜를 얻는 마법이다. 눌변은 개성이나, 난청은 질병이다.

4 노No라고 말하는 참모를 무조건 곁에 두라. 참모의 반대를 즐기라. 나의 생각을 벼리고 다듬는 계기로 여기라.

5 스태프 마인드staff mind를 가지라. 내가 참모라면 어떻게 할지를 계속 자문하고, 자답하라. 그래야 참모의 장난에 휘둘리지 않는다.

6 약간 과하게 보상하라. 행한 만큼 보상하면 고마움이 없다. 예상한 것보다 넘칠 때 감동이 따르기 마련이다. 마음을 얻게 된다.

7 충성은 배려에서 나온다. 받으려고만 하지 말라. 먼저 베풀라. 조직이든 연배年輩든 충성을 강요할 그 어떤 다른 명분은 없다.

8 나누라. 권한을 주고, 역할을 던지라. 독점은 기형을 낳고, 편향을 기르고, 실패를 초래한다. 나눔으로써 더 많이 얻고, 훨씬 좋아진다.

9 자만 바이러스에 감염되지 말라. 혼자 할 수 있다는 생각을 버리라. 오만과 아집은 패배와 망조의 전령이다.

10 리더는 멍청해야 한다. 똑똑하기만 하면 참모밖에 못한다. 누군가 채워주고 싶은 공백, 누군가에게 위로가 되는 여백이 있어야 리더다.

2권 차례

5 정도전 & 이성계

500년 조선 왕조를 디자인한 민족사 최강의 경세가

6 에드워드 하우스 & 우드로 윌슨

한 나라를 바꾸고 세계 질서를 재편한 위대한 파트너

7 순욱 & 조조

난세를 평정하고 천하 패권 구도를 설계한 능소능대의 명참모

8 필립 굴드 & 토니 블레어

냉철한 분석으로 영국 노동당을
패배의 수렁에서 건져 올린 특급 애널리스트

1권 차례

2 데이비드 액설로드 & 버락 오바마

미국 역사상 최초의 흑인 대통령을 만들어낸
현실적 이상주의자

43% 대 13.2%, 미국과 한국을 가르는 차이
도끼, 현실을 찍어내고 이상을 심다
액설로드와 오바마, 흑인의 도시 시카고에서 만나다
오바마의 정치 역정,
액설로드의 스토리 마케팅으로 꽃피우다
액설로드, 흑인 대통령을 만들어내다
상냥한 최고, 액설로드
액설로드의 참모 멘토링mentoring

3 장량 & 유방

날건달 유방을 한 제국의 황제로 만든 고금 최고의 전략가

참모의 대명사, 장량
건달 유방 vs 장군의 아들 항우
20만을 생매장하고 어찌 민심을 얻을 것인가
유방의 소탐小貪이 불러온 대실大失
발군의 능력을 발휘한 장량·한신·소하의 삼각 참모 시스템
항우와 범증을 떼어놓다
타이밍이 모든 것이다
장량의 참모 멘토링mentoring

4 루이 하우 & 프랭클린 루스벨트

이 땅에 아름다운 전설을 남기고 훌쩍 떠난
불세출의 소울 메이트

'지상의 정령'이 된 '늙은 난쟁이'
시한부 생명을 선고받은 하우, 루스벨트에게 꿈을 던지다
천리마도 채찍을 사용하지 않으면 천 리에 닿지 못한다
정치는 과학이 아니라 예술
'합리적 선택과 주체적 결정'은 환상이다
하우, 보스의 7년 병상을 지키다
루스벨트의 기적 같은 부활
하우, 캠페인의 교과서를 쓰다
마침내 루스벨트를 대통령으로 만들고
2인자의 위대함은 균형을 잡아주는 것
하우의 참모 멘토링mentoring

5

5백 년 조선왕조를 디자인한 민족사 최강의 경세가

정도전 & 이성계

조선왕조 창업의 주역은 이성계인가? 아니다. 정도전이다. 그가 새 왕조를 기획하고, 건설했다. 그는 이성계의 아들 이방원에게 피살됐다. 정도전의 죽음과 함께 천 년의 꿈이던 북벌도 물거품이 됐다. 정도전은 실패했는가? 아니다. 그는 혼자서 조선왕조의 국가 운영 시스템을 마련했다. 그는 비명에 죽었으나, 그가 짜놓은 프레임 덕분에 조선왕조는 5백 년이나 이어졌다.

어떤 이가 말을 타고 출근하려 했다.
지켜보던 종이 말했다.
"신발이 짝짝이입니다."
그러나 이 사람은 태연하게 말했다.
"한쪽 신을 본 사람은 반대편 신을 볼 수 없을 것이니, 걱정 마라."

그이가 바로 정도전鄭道傳이다. 그는 사소한 데 신경 쓰지 않고 뚜벅뚜벅 제 갈 길을 가는 성격이었다. 그의 삶도 그랬다. 어차피 훌쩍 왔다가 홀연히 떠나는 인생, 누구나 나그넷길 아니던가. 뭘 주저하고, 왜 쭈뼛하랴. 정도전은 힐끔힐끔 기웃거리거나, 할금할금 굽실거리지 않았다. 소신대로 행동했다. 한 시대를 욱대겨 멋진 위업을 달성했다.

천하의 넓은 곳에 거하며
천하의 바른 지위에 서며
천하의 큰 도를 행한다.
뜻을 얻으면, 백성과 더불어 함께하고,
뜻을 얻지 못하면, 홀로 그 도를 행한다.
부귀도 그 뜻을 어지럽히지 못하고,

빈천도 그 절개를 변하게 하지 못하며,
위협과 무력도 그 뜻을 꺾지 못하는 사람

『맹자』에 나오는 대장부의 정의다. 정도전, 그는 딱 대장부였다. 또한 정도전은 정을 나누고, 사랑을 즐기는 필부였다. 술 있으니 스스로 잔 기울일 때면 마음의 벗을 그리워했다. 야인 시절의 그는 유유자적했다. 일찍 자고 늦게 일어나며, 산골짜기를 오르다 피곤하면 휴식하고, 흥이 나면 걷고, 경치가 아름다운 곳을 만나면 이리저리 구경하며 휘파람을 불고 시를 읊느라 돌아갈 줄 모르는 '배 나온' 한량이었다. 역사를 주도할 땐 개혁과 창업을 위해 노도처럼 밀어붙인 불굴의 투사였다.

5백 년 동안 입에 담지 못한 이름, 정도전

정도전!

정도전은 조선왕조 5백 년 동안 배척당한, '불령선인不逞鮮人'의 원조였다. 고려왕조를 허물고, 조선왕조를 창업했으나 정작 본인은 이름을 잃어버렸다.

조선으로부터 철저하게 외면당했다. 태종이 그를 죽이고 등극했던 사정이 첫 번째 이유였다. 그러나 그들이 진정으로 두려워한 것은 역사가 아니라 철학과 사상이었다. 태종 이하 역대 왕들은 정도전과 같은 걸출한 신하의 출현을 두려워했다. 백성이 사직에 앞선다는 그의 철학, 재상이 정치의 중심이라는 그의 사상이 갖는 위험성을 경계했기 때문이었다. 왕위에 등극한 후 이방원이 한 말이다.

> "내가 정도전을 죄주는 것은 (…) 천하 만세의 계책을 위함이다. 태조가 그렇게 강하고 현명한 임금이었는데도 정도전과 같은 신하가 나왔다. 하물며 후세에 만일 용렬한 임금, 약한 임금이 있을 때 어떤 신하가 정도전을 본받게 되면 아마 못하는 일이 없을 것이다."

하지만 그 '강하고 현명한 임금' 태조 이성계는 이방원과 다르게 정도전을 평가했다. "학문은 경서와 역사의 문제까지 파고들어갔고, 지식은 고금의 변천을 꿰뚫고 있으며, 공정한 의견은 모두 성인들의 말에서 출발하고, 명확한 평가는 언제나 충실한 것과

간사한 것을 갈라놓은" 인물이라고 했다. 한 사람에 대한 평가가 부자간에 이렇게 다를 수 있나. 역시 말은 방편方便이다. 이성계는 그 때문에 권좌에 올랐고, 이방원은 그 때문에 권좌에 오르는 데 애를 먹었다. 말의 이면에 있는 진실은 이것이다.

정도전이란 이름을 5백 년 조선 역사에서 지운 또 하나의 세력은 사림이다. 사림은 훈구 세력을 비판하면서 등장한 개혁 세력이다. 이들의 뿌리는 여말선초麗末鮮初, 개혁을 주창한 신흥 사대부 중에서 패배한 세력이었다. 정몽주 – 길재 – 김숙자 – 김종직 – 김굉필 – 조광조로 이어지는 이들은 조선 건국 후 80~90년 동안 재야에 머물며 절치부심했다. 이들은 정도전의 정적 정몽주를 조종祖宗으로 하는 폐쇄적 '통統이론'으로 똘똘 뭉쳤다. 당연히 정도전은 입에 담아서는 안 될 이름이 될 수밖에 없었다. 사림 역사상 가장 강하게 통統과 예禮를 주장한 송시열이 정도전을 지칭할 때 항상 '간신'으로 표현한 것은 이들의 일반적 정서를 대변하는 것이었다.

입만 열면 무슨 통統을 찾고, 기회만 되면 백성을 주절대던 사림파가 사실 민생을 위해 한 것은 별로 없다. 조선은 1392년부터 1910년까지 518년 동안 이어진 왕조다. 사림은 성종 시절인 1470년대 후반부터 등장하기 시작했다. 조선이 개국하고 채 100년이 되지 않아 등장했고, 선조 때 집권 세력이 됐다. 선조가 1567년에 재위에 올랐으니, 그때부터 그들은 약 300년간 나라를 다스렸다. 그러나 그들은 무기력했다. 임진왜란과 병자호란 등 숱한 참화를 초래했다. 파를 나눠 욕하고, 싸우고, 죽이다가 마침내는 세도정치로 치달았다. 그다음엔 나라를 잃는 망국에까지 이르렀다. 한마디로 무능하고, 편가르고, 부패한 정치 집단이 사림이었다.

하지만 정도전의 역사의 파트너 이성계는 정도전을 '유학의 종사儒宗'라고 했다. 정도전의 배불排佛 운동을 보고 당시 유학자들은 그를 '유일한 동방의 진유眞儒'라고 극찬했다. 개혁을 꿈꾼 『홍길동전』의 저자 허균은 평생 정도전을 흠모했다. 개혁 군주인 영조와 정조는 그를 재평가했고, 조선조 마지막 개혁의 주인공 대원군은 그를 복권시켰다. 누구의 생각이 옳은 것일까?

삼봉三峰 정도전은 1342년에 태어났다.

청백리의 장남으로 태어난 삼봉은 어릴 적부터 총명했다. 타고난 재질이 총명한데다 부지런했다. 어려서부터 공부하기를 좋아해 많은 책을 읽었다. 아버지를 따라 서울로 올라와 당대의 석학 이색李穡 문하에 들어갔다. 이색은 13세에 성균관 시험에 합격했다. 그 후 원나라 유학을 다녀왔고, 여러 벼슬을 지냈다. 그의 문하에는 젊은 신진 사류士類들이 모여들었다. 정도전, 정몽주, 이숭인, 권근, 이존오, 김구용, 김제안, 박의중, 윤소종 등 여말선초의 과도기를 주름잡은 주역들이 모두 이색의 문하생이었다. 현대의 1970~1980년대로 치면, 육사와 서울대를 합친 것과 같을 정도로 압도적인 독점 학맥이었다.

성成하면 쇠衰하고, 흥한 뒤에 망하기 마련이다. 창업한 지 4백 년을 넘기면서 고려 왕조는 극도의 피로감을 노정露呈하기 시작했다. 무인 시대, 몽고의 내정간섭기期를 거치면서 고려는 가쁜 숨을 몰아쉬고 있었다. 관리는 부패했고, 백성은 피폐했다. 불교도 타락했다. 이색이 전하는 성리학은 주자朱子의 이론이었다. 송나라는 여진족의 금나라에 떠밀려 남으로 쫓겨나 남송으로 전락했다. 그 남송의 열혈 지식인 주자가 조국의 현실과 불교를 개탄하며 체계화한 이론이다. 개혁을 갈망하던 당시의 지식인에게는 더할 나위 없이 입에 맞는 이론이었다. 이렇듯 대개

이론은 시대가 자신과 불화不和한 인물에게 수태시켜 낳은 자식이다. 이색 문하에서 정도전은 발군이었다. 스승인 이색도 삼봉을 수제자 정몽주에 필적한다고 평할 정도였다. 정도전은 스무살 되던 해 진사시進士試에 합격해 벼슬길에 올랐다.

1366년 부모가 세상을 떠나자, 고향 영주에서 3년 동안 여묘廬墓했다. 거상居喪하는 동안 삼봉은 고전을 깊이 탐독하며 이론을 가다듬었다. 특히 정몽주가 보내준 『맹자』는 하루에 한 장 혹은 반 장씩 천천히 정독하며 그 뜻을 살피고 가다듬었다. 한 대목에 이르러서는 차마 책장을 넘길 수 없었다. 며칠을 궁리하며, 음미하고 또 음미했다. 손때가 새카맣게 묻은 그 장에는 너무도 유명한 역성혁명론易姓革命論이 적혀 있었다.

"인애를 파괴한 자를 적賊이라고 부르고, 도의를 파괴한 자를 잔殘이라고 부른다. 잔적殘賊한 자를 독부獨夫라고 부른다. 나는 주周의 무왕武王이 독부인 주紂를 죽였다는 말은 들었으나 신하가 임금을 죽였다는 말은 듣지 못했다."

1370년 공민왕이 유교 진흥에 나섰다. 성균관을 개혁하고 유학자들을 모았다. 정도전도 합류했다. 이색이 성균관의 수장을 맡고 있던 터라 자연스러운 선택이었다. 이색의 문하생들이 대거 성균관에 포진했다. 성균관에서 동료들과 토론하고 독서하며 정도전의 성리학은 그 깊이를 더해갔다.

동심우同心友! 정도전과 정몽주의 각별한 우정을 나타내는 말이다. 삼봉이 처음 정몽주를 만난 것은 1360년경이었다. 정몽주가 과거에 3년 연속 급제해 그 명성을 드높이고 있을 때였다. 둘은 이색의 학당에서 만났다. 정몽주는 이색의 수제자였다. "학문에서 어느 누구보다 부지런했고, 가장 뛰어났으며, 논설은 어떤 말이든지 이치에 맞지 않는 것이 없었다." 정몽주에 대한 이색의 평가다. 삼봉도 다섯 살 위의 정몽주에 대해 "하늘이 그를 내리신 것은 참으로 우리의 복"이라고 극찬했다. 그를 많이 흠모하고 아주 좋아했다. 두 사람의 우정은 성균관에서 더욱 각별해졌다. 이후 둘은, 정도전의 표현대로 '마음을 같이하는 벗同心友'이 됐다. 이런 친구가 세월이 흐른 뒤에는 사생결단의 정적이 될 줄이야. 해찰스런 신의 지독한 희롱인지, 속 좁은 인간들의 서글픈 자학인지….

1371년 공민왕이 태도를 바꿨다. 제 손으로 발탁했던 신돈을 처형해버렸다. 갑작스런 표변이라 신돈 처형의 사유를 종묘에 고하기로 했다. 정도전이 그 제의를 주관하게 됐다. 지식이 넓고 아는 것이 많은 것을 박식博識이라고 한다. 박식을 넘어 단아함까지 갖춘 것을 박아博雅라고 한다. 박아한 정도전이 행사를 매끄럽게 치러냈다. 그것이 공민왕의 눈에 띄었다. 일약 총애하는 신하로 부상했다. 하지만 역사가 부여한 삼봉의 역할은 따로 있었던 것일까. 삼봉의 '반짝 성세'도 여기까지였다. 1374년 공민왕이 시해되고 만 것이었다.

장부가 한 번 죽지 두 번 죽나!

1374년, 아홉 살의 우왕이 등극하자 정세는 급변했다. 우왕을 세운 이인임, 경복흥 등 권문세족들은 권력을 독차지했다. 그들은 집권하자마자 친원반명親元反明의 외교정책을 추진했다. 100년 넘게 조정을 지배해온 친원 세력으로서는 당연한 노선이었다. 하지만 그것은 주원장朱元璋의 명나라가 대륙을 제패해가던 때란 점을 고려하면 대단히 위험한 시도였다. 정도전과 정몽주가 맞섰으나 당랑거철螳螂拒轍이었다.

원나라와의 국교가 재개되고, 원나라 사신이 오기로 했다. 이에 친원 집권 세력은 왕명을 빌어 정도전에게 사신 영접을 명했다. 정도전을 벼랑 끝으로 모는 회심의 한 수였다. 소신대로 하자니 왕명을 거역해야 하고, 왕명을 따르자니 소신을 굽혀야 하는 상황이었다.

그러나 정도전은 앉아서 거부하지도, 나아가서 타협하지도 않았다. 그는 권신權臣 경복흥의 집에 쳐들어가 벼락같이 내질렀다. "내가 가서 원나라 사신의 목을 베거나, 아니면 체포해 명나라에 보내버리겠다." 통쾌한 일갈이었다. 정도전의 운명은 이 한마디로 급전직하 몰락했다. 당연히 수구 세력은 대로했고, 삼봉은 전라도 나주로 귀양 보내졌다. 1375년, 정도전이 33세 때의 일이다. 그러나 정도전의 이 말은 실언이 아니었다. 대장부다운 자존의 선언이었다. 출세에 연연해 구차하게 살지 않겠다는 결기였다. 가끔 짧은 말 하나가 인생을 바꿔놓기도 한다. 정도전의 사자후가 그랬다. 또 한 사람의 삶이 달라

짐으로써 역사가 전혀 다른 길로 나아가기도 한다. 정도전의 삶이 그랬다.

정몽주 등 신진 개혁파 대부분이 정도전의 뒤를 이었다. 정도전은 유배 생활을 흔쾌히 받아들였다. "예부터 한 번 죽음 뉘나 있으니, 구차한 삶은 처할 바가 아니지 않은가自古有一死 偷生非所安." 정도전의 성정은 이 일화에서 극명하게 드러난다. 장부라면 모름지기 버젓하게 살아야지 좌고左顧하고 우면右眄하며 살기는 싫었다. 『맹자』에 나오는 말 그대로, 법도에 따라 행동하고 결과는 운명에 맡기는 스타일이었다.

누구에게나 어려운 순간, 힘든 시간은 닥쳐온다. 인생은 그때를 어떻게 보내느냐에 따라 달라진다. 대부분은 속병이 들어 술로 지새운다. 더러는 재기하려고 갖은 재간을 다 부리며 노심초사한다. 낯 뜨거운 가사歌辭를 지어 아부함으로써 다시 살아난 정철이 그 대표적인 예다. 극히 소수는 풍운을 예비하고 시대를 만들어갈 경륜을 단련한다. 정도전이 그랬다. 그에게 귀양살이는 책상물림의 무기력을 벗고 개혁 경세가로 거듭나는 환골탈태의 시간이었다. 그는 아픈 만큼 성숙했고, 힘든 만큼 강해졌다.

귀양살이 3년, 삼봉의 눈에 들어온 조국의 현실은 참으로 심각했다.

당시 100년이 넘게 지속돼온 이슈는 토지 문제였다. 권문세가들은 막대한 토지를 차지해 농장을 만들었다. 산천위표山川爲標, 산과 내를 토지 소유의 경계 표시로 삼을 정도로 그들의 농장은 거대했다. 그들은 농민의 땅뿐만 아니라 왕실의 땅도 잠식했다. 그리하여 농민들은 송곳 꽂을 땅도 없었다. 왕실 재정도 턱없이 부실해졌다. 정도전이 권력을 잡은 후 가장 먼저 토지개혁을 추진한 것도 이런 정황에서 비롯된 것이었다.

또 다른 문제는 왜구와 홍건적의 침탈이었다. 백성은 아래로는 왜구, 위로는 홍건적에 시달렸다. 홍건적에 쫓겨 임금이 도성을 버리고 멀리 안동까지 피난을 가야 했던 적도 있었으니, 일반 백성의 고통은 말해 무엇하랴. 그야말로 전국의 방방坊坊이 신음하고, 곡곡曲曲이 통곡하고 있었다. 미루어 짐작건대, 외적의 침탈이 주는 고통을 목도하게 되면서 정도전의 흉중에는 요동 정벌이란 대망이 꿈틀거리기 시작했을 것이다.

귀양 간 정도전의 배움은 책 읽는 공부가 아니었

다. 보통 사람들과 어울리며 그들의 삶 속에서 배우는 것이었다. 체험 학습이었다. 겨울에 갖옷 한 벌, 여름에 갈옷 한 벌로 버텼다. 일찍 자고 늦게 일어나며, 기동起動이 자유로웠다. 음식도 가리지 않고 먹었다. 삼봉 스스로의 기록이다. 학자들과 강론하다가 산에 놀러 가기도 하고, 농사꾼이나 시골 늙은이를 만나 싸릿대를 깔고 앉아 친구처럼 도란도란 담소를 나눴다. 농부들은 순박하고, 겉치레가 없었다. 정도전을 따뜻하게 응대했다. 귀양 온 그에게 초사草舍를 지어주고, 술과 음식을 제공했다. 친구처럼 어울렸다.

지혜는 깨달음이다. 지식은 앎이다. 지혜는 통찰로 얻고, 지식은 노력으로 얻는다. 지혜가 돈오頓悟라면, 지식은 점수漸修다. 우열이 있는 것은 아니지만 선후는 있다. 지혜가 먼저다. 삼봉은 농민들의 지혜에 깜짝 놀라지 않을 수 없었다. 그들은 무식했다. 그러나 세태를 훤히 꿰뚫고 있었다. 김매던 농부가 정곡을 찔렀다.

"그렇다면 그대의 죄목을 알겠노라. 그 힘의 부족함을 헤아리지 않고 큰소리를 좋아하고, 그 시기의 불가함을 알지 못하고 바른말을 좋아하며, 지금 세상에 나서 옛사람을 사모하고, 아래에 처하여 위를 거스른 것이 죄를 얻은 원인이로다.”

이때 받은 감동은 그의 정치철학이 됐다. 민본주의, 민생주의가 그것이다. 그는 훗날 자신이 쓴 『조선경국전』에 이렇게 적고 있다.

“나라는 백성을 근본으로 삼고, 백성은 먹을 것을 하늘로 삼는다. (…) 민심을 얻으면 민은 군주에게 복종하지만, 민심을 얻지 못하면 민은 군주를 버린다.”

정도전, 최영이 아닌 이성계를 선택하다

때가 되었음인가. 드디어 정도전이 칩거蟄居를 털고 움직이기 시작했다. 1383년 야인 생활이 9년째 되던 해였다. 백아伯牙의 ‘거문고 소리를 알아주는 사람知音’은 종자기鍾子期뿐이라고 했던가. 정도전이 자신의 지음을 스스로 찾아 나섰다. 누굴까? 정도전이 검토한 대상은 두 명이었다. 한 사람은 이성계,

또 한 사람은 최영이었다.

이성계는 존경받는 장군이었다. 그는 홍건적과 왜구를 격퇴함으로써 명성을 쌓았다. 1361년, 박의의 반란을 진압한 이성계는 함남 영흥에서 홍건적을 격퇴했다. 홍건적이 개경을 함락하자, 이성계는 2천 명의 사병 집단을 이끌고 진격했다. 동대문을 뚫고 개경에 입성했다. 가장 먼저 개경을 탈환한 것이었다. 이때 맞은편 서대문을 통해 개경에 진입한 장수가 최영이었다. 홍건적의 침입으로 왕이 몽진蒙塵할 때 그 곁을 끝까지 지킨 사람은 예의 이색이었다.

최영은 중앙 귀족 출신이었다. 근왕 친위대에서 성장했다. 공민왕의 총애를 한 몸에 받다가, 신돈에 의해 숙청되기도 했다. 신돈이 사라진 뒤 복귀해 정계의 거벽巨擘으로 군림했다. 그는 친원파였다. 주원장과 싸우고 있는 원나라를 위해 중국까지 출병한 경력도 있었다. 청렴한 백전노장 최영의 한계는 사서에 기록돼 있다. "종신토록 군사를 거느렸어도 면식 있는 자는 10여 인에 지나지 않았다." 군중에서 병사들과 함께 호흡하며, 그들의 신망을 얻은 게 아니었다. 최영은 야전 무장이라기보다 정치인에 가까웠다. 1316년생이니 낡은 왕조를 일대 쇄신하기에 나이가 너무 많았다. 정도전은 붓으로 최영이란 이름 위에 살쳤다.

정도전은 파트너로 이성계를 선택했다. 무엇보다 이성계가 중앙 정계, 권문세가와 별다른 인연이 없는 게 마음에 들었다. 이성계는 사병을 거느리는 등 독자적인 기반을 가진 북쪽 변방의 호족이었다. 이성계의 리더십 스타일도 매력적이었다. 부하들과 혼연일체를 이루고, 겸손하고, 사귐성도 좋고, 의리도 있는 인물이었다. 친구 정몽주도 그에 대해 칭찬을 아끼지 않았다. 이처럼 이성계는 정도전이 필요로 하는 것을 갖추고 있었다. 보스와 참모의 사이는 소통이 생명이고, 우애가 명줄이다. 실제 호칭이야 어떻든 내용적으로 어른과 아이 관계보다는 형 동생 사이가 좋다. 호형호제하면 소통도 쉽고, 왈형왈제曰兄曰弟하면 우애도 도타워진다. 이성계는 삼봉보다 일곱 살 위였다. 보스와 참모로 맺어지기에 적당한 나이 차였다.

문文과 무武의 만남!

난세에 문은 유약柔弱하고, 무는 몽매蒙昧하다. 서로 길항拮抗해야 상승효과를 낸다. 조선왕조 5백 년의 시작이 되는 문무의 만남은 문이 무를 찾아 감으로써 이루어졌다. 1383년 가을, 정도전은 칩거를 끝냈다. 새가 날 때는 뭔가 이유가 있고, 굼벵이가 곰작거리는 것은 뭔가 사연이 있기 마련이다. 정도전이 웅크림을 털고 일어선 것은 뭔가 단단히 작정했기 때문이었다. 그는 이성계를 만나러 갔다. 이성계의 인물됨을 직접 확인했다. 그가 거느린 군대를 두 눈으로 살펴봤다. "이런 군대면 무슨 일이든 못 하겠습니까!" 정도전은 만족스러웠다. 이때 정도전의 나이 41세, 이성계의 나이 48세였다. 생각이 같고, 취미가 비슷한 것이 기미상합氣味相合이다. 두 사람은 기미상합해 이듬해 봄까지 같이 지내며 많은 이야기를 나누었다. 이때 남긴 정도전의 시구다.

> 아득한 세월 한 그루의 소나무
> 몇만 겹의 청산에서 성장하였네
> 다른 해에 서로 만나볼 수 있을는지
> 인간은 살다보면 문득 지난 일이네

내가 앞장서서 뭔가 해보겠다는 것이 '리더 윌leader-will'이다. 정도전은 변방의 무장에 불과한 이성계에게 이 리더 윌을 역설했을 것이다. 강렬한 역사의식과 개혁 마인드를 심어주었을 것이다. 이성계가 개혁의 중심으로 나서야 하는 소명 의식도 주입했을 것이다. 삼봉의 능란한 화술, 논리 정연한 구상, 동서고금을 넘나드는 현란한 지식, 그리고 야인 생활을 통해 얻은 뜨거운 열정은 능히 이성계를 설득하고도 남았으리라. 정도전의 뛰어난 말재간에 대해서는 그를 가까이서 지켜본 권근權近의 기록이 있다.

> "시서를 강의함에 있어서는 능히 알기 쉬운 말로써 지극한 이치를 형용하여 배우는 자가 한 번 들으면 바로 의를 깨달았으며, 이단을 물리침에 있어서는 능히 그 글에 정통하여 먼저 그 연유를 자세히 설명하고서 마침내 그른 점을 지적하므로 듣는 자가 다 굴복하였다. 이 때문에 경서를 들고 배우러 오는 자도 어깨를 나란히 하여 늘어설 만큼 수가 많았고, 비록 무부武夫와 속사俗士라 할지라도 그 강설을 들으면 재미를 붙여 싫증을 내지 않았으며, 불교도까지도 교화된 자가 많았다."

사람과 사람이 친해지려면 잇속보다 뱃속이 맞아야 한다. 파스칼의 말대로, '마음의 논리는 이성으로 설명되지 않는다.' 무릇 인연의 계기는 논리가 아니라 감성이다. 정도전은 지식인이었지만, 말간 얼굴의 책상물림이 되고 싶지는 않았다. 평소 "첫눈이 내리는 겨울날 가죽옷에 준마를 타고, 누런 개와 푸른 매를 데리고 평원에서 사냥하는 것이 가장 즐거운 일"이라고 말하곤 했다. 정도전의 이런 호협한 기질은 무장 이성계의 배짱에 맞았다.

미래는 예측하는 것이 아니라 선택하는 것

'우정은 날개 없는 사랑의 신이다.' 시인 바이런의 말이다. 날개가 없으니…, 어디로 훌쩍 날아가 버리지 않는 사랑이 우정이다. '우정은 낭비가지만, 사랑은 구두쇠다.' 철학자 루소의 말이다. 우정은 베푸는 것이다. 친구 정몽주가 변함없는 사랑을 베풀었다. 그가 정계를 떠난 지 10년이 지난 정도전의 복귀를 주선한 것이다. 1384년의 일이다. 명 황제 주원장의 생일 축하 사절로 떠나는 정몽주가 정도전을 서장관書狀官으로 발탁했다. 우왕이 왕위에 오른 것을 승인받고, 시호 책봉을 요청하기 위한 걸음이었다. 둘은 성공리에 임무를 완수하고 돌아왔다. 그 공을 인정받아 삼봉은 지제교知製敎에 임명됐다. 지제교는 왕의 교서를 짓는 요직이었다.

지위가 높은 벼슬아치를 징계해 지방 수령으로 좌천시키는 제도가 보외補外다. 3년 뒤, 잘나가던 정도전이 돌연 그 보외를 자청하고 나섰다. 경기도 남양부사로 나갔다. 낯선 일을 벌이는 것은 숨은 뜻이 있기 때문이다. 정도전의 갑작스런 행보에도 숨은 이유가 있었다. 헛헛증이 생겨 견딜 수가 없었기 때문이었다. 벼슬길이 순탄해도 가슴속에 품은 뜻, 개혁 열망을 접을 수는 없었기 때문이었다. 개혁을 짓누르는 구체제를 억지로 혁신하려면 물리적인 힘이 있어야 하는 법이다. 다시 말해, 이성계를 중앙 정계로 불러들여야 했다. 만난 지 3년이 넘어도 이성계는 움직이지 않고 있었다. 이런 이성계를 설득하기 위해 외직을 자청한 것이다. 먼발치에 있으면 감시의 눈을 피해 이성계와 연락하기가 쉬웠기 때문이었다.

느닷없다는 말이 있다. 느닷은 '늦'과 '닷'의 합성어다. 늦은 징조, 기미를 뜻한다. 닷은 까닭, 이유를 뜻한다. 느닷없이는 "전혀 기미를 알아차릴 수 없는, 어떤 까닭이나 원인을 갖지 않는 일이 갑작스럽게 일어난" 경우에 쓰이는 말이다. 어느 날 느닷없이 정치권에 대격변이 일어났다. 1388년 1월이었다. 주역은 이성계와 최영이었다. 변방에 웅크리고 있던 이성계가 최영과 손을 잡고 마침내 행동에 돌입한 것이었다. 나타난 행동만 보면 느닷없는 것이었지만, 사실 어떤 결과든 사전 노력이 있었기 때문에 생긴 것이다. 이성계의 갑작스런 행동도 삼봉이 외직에 나가 이성계를 설득하고, 압박한 결과였다. 이성계와 최영은 정계를 무력으로 개편하는 친위 쿠데타를 단행했다. 그들은 우왕에게 간해 수구 세력을 대거 숙청했다. 최영은 조정의 1인자, 이성계는 2인자가 되었다. 삼봉은 이성계의 추천으로 성균대사성成均大司成이 돼 중앙으로 돌아왔다. 이 쿠데타는 이성계와 정도전이 만난 지 5년 만에 거둔 첫 번째 성과였다.

질풍疾風, 휘몰아치는 바람이다. 노도怒濤, 성난 파도다. 1388년부터 10년간이 바로 질풍과 노도의 시기였다. 합법과 순리는 없었다. 난폭과 비정만이 횡행했다. 필요에 의해 난폭할 수밖에 없었고, 상황에 따라 비정할 수밖에 없었다. 이성계, 최영, 정도전, 이색 등 모두가 그랬다. 우정을 팽개쳐야 했다.

공존을 짓밟아야 했다. 태어날 시기를 스스로 선택하지 못하는 게 사람이다. 그냥 주어진 시대, 그 시대가 요구하는 삶의 모습에 충실히 따르는 것은 그 어떤 사람도 벗어날 수 없는, 일종의 원죄原罪다. 그러니 그들이 그렇게 거칠게 산 것은 난세에 태어난 그들로선 어쩔 수 없는 선택이 아닐는지….

정계 개편의 실질적 힘은 이성계의 군사력이었다. 보수파의 영수 최영에게는 그것이 못내 맘에 걸렸다. '이 · 최 연합'은 일종의 불안정한 동거 체제였던 셈이다. 때문에 어떻게 해서든 최崔로선 이李의 힘을 제어할 필요가 있었다. 때마침 명나라가 옛 원나라의 쌍성총관부에 대한 연고권을 요구해왔다. 최는 이를 이용하기로 했다. 요동을 침으로써 만주에 있는 원나라 잔존 세력과 함께 명나라를 협공할 계획을 마련했다. 이른바 '요동 정벌' 구상이었다.

최가 기획하고 우왕이 동조한 요동 정벌은 정치적 프로젝트였다. 치밀한 준비가 없었기 때문이다. 명나라가 연고권을 요구한 지 한 달 만에 이렇다 할 공론화의 과정도 없이 최가 독단적으로 결정했다. 일본의 도요토미 히데요시豊臣秀吉는 통일 후 무사들의 에너지가 두려워 그들의 칼끝을 한반도 침략으로 돌렸다. 최의 구상도 이와 다르지 않았다. 그는 이의 힘을 요동 정벌에 소진시키고자 했다. 다른 한편 요동 정벌로 친원 정권의 정체성을 분명히 하고자 했다. 요동 정벌이 최가 이의 무력을 견제하기 위한 행동이었다는 증거는 또 있다. 원정군을 편성하면서 이성계를 견철牽掣한 것이다. 우왕의 장인뻘인 이인임, 인척 관계에 있던 조민수를 사령관으로 삼았다. 이는 부사령관이었다. 진정 요동 정벌을 원했다면 당연히 경험과 실력을 갖춘 이에게 맡겼어야 했다.

이성계는 4불가론四不可論을 펴며 반대했다. 이소역대以小逆大, 작은 나라가 큰 나라를 치는 것은 불가하다. 하월발병夏月發兵, 여름에 군사를 출병하는 것은 불가하다. 왜승기처倭乘其虛, 명과 싸우는 사이에 왜구가 침략할 것이다. 시방서우時方署雨, 지금은 장마철로 활이 약해지고 병사는 병든다. 정몽주도 반대했다. 4불가론의 첫째인 이소역대는 사실 자존심이 상하는 일이다. 작다고 못 이기란 법은 없다. 싸움은 해봐야 아는 것이다. 그러나 이때의 가·불가 논쟁은 요동을 칠 것이냐 말 것이냐 하는 것이 아니었다. 권력투쟁이었다. 따라서 요동 정벌론이나 4불가론 모두 짜 맞춘 명분일 뿐이었다. 이성계와 정도전은 전쟁에 휘말리기 싫었다. 이성계가 서울을 비워야 하고, 국운을 건 전쟁 앞에서는 개혁을 접어야 했기 때문이었다. 그들은 최영의 속셈을 너무도 잘 알고 있었다. 이미 18년 전 원나라의 후퇴를 틈타 요동을 정벌한 전력이 있는 이성계였다. 그런 그였기에 요동 정벌 자체를 거부한 것은 아니었다. 이성계의 반대는 최영의 정치적 속셈에 대한 반발이었다. 역시 심략心略을 숨기고 거부하기 힘든 허울을 내세우는 게 정치인 모양이다.

4월 전국 동원령이 내려졌다. 이성계와 정도전도 이제 가부간 선택을 해야 했다. 문제는 어떻게든 편성될 원정군이었다. 이성계의 직계 사병은 1천~2천 명에 불과했다. 이런 판에 새로 편성되는 수만의 군대는 무서운 힘이었다. 출병을 거부하자니 왕명 거부는 고사하고라도 원정군의 존재가 두려웠다. 동참하자니 그들의 장단에 춤을 추는 꼴이었다.

미래는 예측하는 것이 아니라 선택하는 것이라 하지 않는가. 주춤증은 백해무익하다. 그들도 마냥 반대만 하고, 상황을 예측하며 앉아 있을 수는 없었다. 고심 끝에 그들은 출병을 선택했다. '일단 출병하자.

그런 다음 기회를 엿보자.' 이런 요량이었다. 예나 지금이나 애국을 거역하고 후사를 도모하는 것은 불가능하다. 따라서 그들의 선택은 사실 불가피한 것이었다. 울며 겨자 먹기, 그것도 스리가 난 입으로 먹는 겨자였다. 얼마나 죽을 맛이었으랴.

출병한 이성계는 위화도에서 5만의 원정군을 멈추게 했다. 다시 최영에게 회군을 요청했다. 몇 번을 반복했다. 명분 쌓기였다. 최영으로서도 퇴로가 없기는 마찬가지였다. 한사코 회군을 거부했다. 이성계가 독단적으로 회군할 것을 예상 못 했을까. 당연히 걱정했을 것이다. 그랬기 때문에 애당초 조민수를 붙여 옆에서 감시하도록 해놓았던 것이다. 최영은 그 조민수를 믿었다. 회군은 없을 것으로 믿었다. 그런데 그 조민수가 그만 이성계에게 설득당해버렸다. 알다가도 모를 게 사람 속이다. 당시 켯속이 뭔지는 알 길이 없다. 다만 처음부터 무리한 출병이었다는 점에 그가 수긍했기 때문일 것이다. 사정이 이렇게 돌아가도 최영은 감감소식이었다. 알았더라도 사실 속수무책이었다. 우왕의 애원 때문에 개경에 남아있던 최영으로선 대응할 만한 수단이 없었다.

5월 이성계가 전격적으로 회군했다. 개경으로 진

격했다. 저항하는 최영을 제압했다. 72세의 노장군 최영은 귀양에 처해졌다. 이성계가 눈물을 흘리며 '잘 가시오, 부디 잘 가시오'라며 전송했지만, 이미 둘은 공존이 불가했다. 얼마 안 있어 최영은 처형당했다.

"필요에 의해 쫓겨서 한 대담하고도 과감한 행위는 깊은 사려에 의한 행위와 같다." 마키아벨리의 말이다. 위화도회군은 상황에 쫓긴 선택이었다. 요동 정벌이나 회군 모두 오랫동안 기획하고 검토한 것이 아니었다. 하지만 오랫동안 나라를 일대 혁신하기로 작정한 터였다. 그랬기에 결단할 때 주저는 없었을 것이다.

강경파와 온건 개혁파의 이중 권력

한 명의 주역이 퇴장하니, 곧바로 다른 한 명의 주역이 무대에 등장했다. 이색이었다. 이성계가 최영을 제거한 후, 이색은 이성계를 찾아가 담판을 시도했다. 이색의 요구는 간단했다. '과거 무인정권의 전철을 밟지 말라.' 이색의 행동은 신진 사대부의 생각을 대변하는 것이었다. 담판이 끝났다. 어떻게? 이성계가 군대를 대궐 밖으로 물렸다. 이색의 정치적 승리였다. 이색이 졸지에 정치 전면에 등장하게 된 것이다.

몇몇 도전에도 정국의 핵은 이성계였다. 6월, 정도전은 밀직부사密直副使에 발탁됐다. 이성계의 파트너였으니, 그는 자리에 상관없이 이미 정권의 실세였다. 개혁 프로그램의 기획자였다. 익숙해지면 느슨해지고 만만하게 보이기 마련이다. 정도전은 회군의 기세가 웅강雄强할 때 판을 뒤흔드는 게 좋다고 판단했다. 토지개혁부터 밀어붙였다. 반대파의 힘을 빼앗고, 개혁의 토대를 넓히기 위한 조치였다. 이름하여 계민수전計民受田, 전국의 토지를 국가가 몰수해 모든 농민에게 식구 수대로 나눠주는 것이었다. 전 국민을 자작농으로 만들려는 계획이었다. 개혁이든 혁명이든 백성의 동의를 얻어야 성공한다. 백성은 사는 게 나아져야 동의한다. 시작이 반이다. 첫인상이 전체 느낌을 결정한다. 그런 점에서 정도전이 첫 카드로 토지개혁을 선택한 것은 적절했다.

가진 걸 순순히 내놓을 사람이 어디 있으랴. 예상대로 전제田制 개혁에 대한 반발이 거세게 일어났다.

정치 현안을 둘러싼 대립도 거세졌다. 위화도회군 직후 우왕은 내시들을 동원해 이성계를 죽이려 했다. 실패했으니 폐위가 불가피했다. 조민수와 이색은 우왕의 아들을 옹립하려 했다. 정도전은 반대했다. 우왕이 신돈의 자식이라는 소문을 거론했다. 자식이 없던 공민왕에게 신돈이 자신의 여종을 바쳐 낳은 아이가 우왕이었다. 그랬기에 항간에는 친부를 둘러싼 소문이 무성했다. 정도전이 이 소문을 거론하며 반대한 것은 구각舊殼에 대한 거부였다. 일대 개혁을 추진할 그가 구각의 계승자를 수용할 수는 없었던 것이다. 정도전과 이색, 즉 사제간의 대결이자 개혁 강 · 온파 간의 대립이었다. 승부는 온건파 이색의 승리로 끝났다. 우왕의 여덟 살 난 아들이 창왕으로 옹립됐다. 조정의 공론을 움직이는 다수가 여전히 구체제에 속해 있던 자들이었기 때문이었다.

정도전은 세勢 부족을 절감했다. 조민수와 이색을 떼어놓을 필요가 있었다. 동료 조준을 앞세워 조민수를 부패 혐의로 탄핵했다. 조민수는 유배됐다. 그러나 문하시중門下侍中 이색을 중심으로 한 온건파soft liner와 이성계 · 정도전을 중심으로 한 강경파hard liner의 이중 권력 상태는 지속됐다. 기다려야 할 땐 기다려야 한다. 정치는 일면 인내력 싸움이다. 1389년 11월 드디어 고대하던 계기가 주어졌다. 강화도로 쫓겨가 있던 우왕이 고맙게도 일을 저질러주었다. 최영의 조카 김저를 시켜 또다시 이성계 암살을 시도하다 발각된 것이었다. 때마침 '창왕은 왕씨 왕족이 아니니 고려의 임금으로 인정할 수 없다'는 명나라의 외교문서도 공개됐다. 과거 독재 정권이 정통성 부재를 미국의 지지로 메우려 했듯이, 이색도 명나라의 승인으로 정통성을 확보하려 했다. 한 해 전 이색이 직접 중국을 방문해 창왕에 대한 승인을 청했다. 그러나 명은 생딴전을 부렸다. 창왕을 인정할 수 없다고 못 박았다. 그런 내용을 담은 당시의 명나라 외교문서가 은폐되다 뒤늦게 공개된 것이었다.

정도전은 신속하게 움직였다. 바짓가랑이에 자개바람 일듯했다. 그는 이성계와 정몽주 등 9명을 흥국사에 모이게 했다. 이 자리에서 그는 반대자들을 겁박해 창왕 폐위 결의를 이끌어냈다. 창왕을 보위에서 끌어내리고 정창군定昌君 요瑤를 왕으로 추대했다. 고려의 마지막 임금이 되는 공양왕이다. 이색, 권근, 하륜 등 온건파의 주요 인사들도 정계에서 축출했다. 유배에서 풀려나 있던 조민수를 다시 귀양 보냈다. 우왕과 창왕을 죽여버렸다. 거침없는 쾌도난마快刀亂麻였다. 정도전은 삼사좌사三司左使에 임명돼 조정의 재정권을 장악했다.

1390년 5월 의미 있는 사건이 하나 등장했다. 이른바 '윤이尹彝 · 이초李初 사건'이었다. 온건파 대신들이 파평군 윤이와 중랑장 이초를 은밀히 명나라에 보냈다. '공양왕은 왕씨가 아니라 이성계의 외척이며, 이성계가 명나라를 공략하려 해 이색 등이 말리다가 유배당했다'고 쏘개질했다. 명나라 황제가 군사를 이끌고 출정해 이성계 무리를 토벌해달라고 요청했다. 이색 일파의 작품이었다.

이런 사실을 확인한 이상 정도전으로서도 외길 선택밖에 없었다. 대대적인 숙청이 뒤따랐다. 이색 일파를 모조리 감옥에 가두었다. 하지만 정도전의 대숙청 계획을 누군가 물거품으로 만들어버렸다. 바로 동심우 정몽주였다. 6월에 청주 지방에 대홍수가 나자 정몽주가 재빠르게 기회를 틈탔다. '죄상이 똑똑지 않다'며 대사면을 주장했다. 공양왕은 가납嘉納했다. 온건파가 다시 힘을 얻었다. 11월에는 이성계를 우시중右侍中, 즉 수문하시중守門下侍中에서 밀어냈다. 정몽주가 그 자리를 차지했다. 수세守勢였다. 정도전과 이색·정몽주는 화해할 수 없는 정적이 되어가고 있었다. 정도전이 그나마 위안으로 삼은 것은 12월 이성계가 다시 좌시중左侍中, 즉 문하시중에 오른 것이었다.

운명의 1391년이 열렸다.

운명의 신은 여신이다. 따라서 그녀에 대해 주도권을 쥐려면 아주 부드럽든지 혹은 난폭하게 다룰 필요가 있다고 한다. 정도전은 난폭을 선택했다. 개혁의 가속 페달을 힘껏 밟았다. 새해 벽두 군권 장악에 나섰다. 기존의 군사 체제인 5군을 혁파하고, 삼군도총제부三軍都摠制府를 설치한 것이다. 군부의 원로 장군들도 퇴출시켰다. 이성계는 신설된 삼군도총제부의 삼군도총제사가 됐다. 정도전은 우군총제사에 임명됐다. 군권을 틀어쥠으로써 드디어 두 사람은 만난 지 8년 만에 정권을 확실하게 장악했다.

새로운 군 체제는 무장들이 거느려온 사병私兵을 혁파해 중앙군에 통합시키려는 것이었다. 또한 지방에서 토호로 군림해온 한량관閑良官을 사실상 제거하려 했다. 한량관, 즉 현직이 없는 관리와 직역職域이 없는 사족士族 자제들을 개경으로 불러들여 수비

병으로 근무하게 했다. 이들은 개혁의 저항 세력이었다. 이들이 끼치던 민폐를 일소하고, 국방력을 강화한다는 명분으로 밀어붙였다. 그런데 왕이 쭈뼛쭈뼛 눈치 보며 머뭇거렸다. 정도전이 다시 승부수를 던졌다. 사직을 청했다. 압박 수단이었다. 사병 혁파와 한량관의 군역 편입, 전제 개혁에 대한 온건파의 반발을 공론화하고, 국왕의 선택을 강요하려는 의도였다. 사직은 불허됐다. 하지만 그의 압박은 계속됐다. 그해 봄, 공양왕이 절에 행차해 자기 생일을 기념하는 예불 행사를 열었다. 이 자리에서 정도전은 앙칼지게 쏘아붙였다. "임금이 스스로 자기 복을 비는 것을 듣지 못했다." 그의 마음속에 왕은 이미 왕이 아니었다.

3월에는 이성계가 사직을 청했다. 국왕은 사직을 승인하지 않았다. 아니 할 수가 없었다. 사직 불허는 이성계의 존재에 대한 공개적 인정이었다. 이를 빌미로 정도전이 다시 인적 청산을 요구하고 나섰다. 이색과 우현보禹玄寶를 겨냥했다. 창왕 옹립의 죄를 물어 그들을 처형할 것을 주장한 것이다. 왕은 허락하지 않았다. 그냥 물러설 정도전인가. 그는 사보타주sabotage에 돌입했다. 국왕이 그를 불러 이색과 우현보 탄핵의 사유를 물었다. 이 자리에서 정도전은 더욱 거세게 왕을 몰아붙였다. 국왕은 결국 이색을 귀양 보내야 했다. 공양왕으로서는 참기 어려운 수모였다. 승기를 잡은 정도전은 전제 개혁에 대한 고삐도 바싹 죄었다. 비록 정도전의 원래 구상에는 훨씬 못 미쳤지만, 1월 새로운 토지대장이 반포됐다. 5월에는 과전법科田法이 제정됐다.

30년 지기 정몽주가 정도전의 목을 겨누다

스승의 처형을 주장한 정도전은 피도 눈물도 없는 냉혈한인가.

어떤 이가 이런 말을 했다.

> "한 가지 일을 반드시 이루고자 생각하면 다른 일은 깨뜨리는 것을 마음 아파하지 말라. 남의 조소도 부끄러워하지 말라. 만사와 바꾸지 않고서는 한 가지의 큰일도 이루어지지 않는다."

대분망천戴盆望天이란 말이 있다. 머리에 동이를

이고 하늘을 볼 수 없다는 말이다. 시대의 짐을 한 몸에 짊어진 그에게 살가운 정과 돈독한 우정은 사소한 문제였다. 살다 보면 심성이 착하디착한 사람이 되레 독한 짓을 저지르기도 한다. 착한 것은 개인적 인격이다. 독한 것은 사회적 인격이다. 시대가 정도전에게 비정한 사회적 인격을 요구하고 있었다. 사사로운 감정에 얽매일 일이 아니었다. 그것이 싫으면 백이 · 숙제처럼 차라리 은둔해야 할 일이었다.

작용이 있으면 반작용이 있기 마련이다. 온건파의 반격이 시작됐다. 과전법으로 경제력을 잃고, 인적 청산에 몰리고, 병권과 재정권도 잃었다. 보수파에게 더 물러날 여지는 없었다. 절박함은 두려움을 없애주고, 차이를 덮게 해준다. 그들은 이런저런 이견을 접고 한목소리를 냈다. 이성계가 '딴마음을 먹고 있다'고 주장하며 왕을 충동질했다. 이미 정도전의 공박에 자존심이 상한 공양왕이었다. 그도 생각이야 꿀떡 같았지만, 명분이 필요했다. 기다리면 주어진다. 탄핵을 학수鶴壽하던 보수파가 드디어 꼬투리를 잡았다.

우현보의 아들 우홍득이 정3품 자리인 사헌부 집의執義가 되어 관청에 나갔다. 정도전과 가까웠던 종

6품 규정糾正 박자량 등이 뜰에 나와 맞이하지 않았다. 이에 대사헌이 박자량 등을 탄핵해 옥에 가두었다. 국문하는 과정에서 꼬투리로 삼을 만한 게 드러났다. 대외비對外秘로 되어 있던 사헌부의 우현보 탄핵 사실을 정도전이 몇몇 측근에게 흘린 사실이 밝혀진 것이다. 사실 사소한 것이다. 그러나 핑곗거리를 찾던 온건파에게는 가뭄의 단비였다. 벌처럼 떼 지어 세차게 일어나는 게 봉기蜂起다. 온건파는 봉기했다. 하나의 등잔에 심지를 두 개를 해 넣으면 훨씬 밝다. 그들은 눈에 쌍심지를 켜고 죽일 듯이 달려들었다.

생사를 걸고 싸우는 마당에 인정은 사치다. 존망을 놓고 다투는 마당에 사정私情은 호사다. 이러쿵저러쿵하는 이판이나 요러쿵조러쿵하는 사판이나 매한가지다. 그들은 정도전의 핏줄 문제를 걸고넘어졌다. 눈에는 눈 이에는 이라, 정도전이 창왕의 핏줄을 거론한 것에 대한 카피캣copycat이었다. "가풍이 바르지 못하고, 족보가 천하고 분명치 않다"라며 공격했다. 정도전의 외할머니를 두고 하는 말이었다. 정도전의 외할머니는 어떤 승려가 자기 종의 아내와 관계를 맺어 낳은 사람이라는 설이 있었다. 삼봉과 같은 고향 출신의 유학자인 우현보의 세 아들이 오래 전부터 이런 소문을 퍼트리고 다녔다. 은혜는 물에 새기고, 원한은 돌에 새긴다고 했다. 정도전으로선 뼈에 사무치는 원한을 품는 게 당연했다.

9월 13일, 이성계가 문하시중을 사직했다. 열흘 뒤에 정도전은 탄핵당해 유배를 떠났다. 10월 개혁파의 일원인 남은도 사직했다. 완벽한 전세 역전이었다. 연이어 온건파는 정도전을 극형에 처하자고 주장했다. 그러나 여의치 않았다. 대신 공신녹권功臣錄券을 박탈했다. 두 아들의 벼슬을 빼앗고, 서인으로 강등해 내쫓았다. 12월 이색과 우현보는 정계에 화려하게 복귀했다. 희비가 교차되는 순간이었다.

온건파라고 해서 언행이 온순하고 건전한 것은 아니다. 개혁하자는 정도가 온건할 뿐 그들의 행태behavior는 전혀 온건하지 않다. 오히려 더 지독하고, 얄망스럽다. 그때의 온건파도 집요하고 매섭게 공세를 펼쳤다. 그들은 이참에 아예 끝장을 보려 했다. 하늘이 거들고, 신령이 돕는 것인지 절호의 기회가 찾아왔다. 1392년 3월, 이성계가 해주에서 사냥을 하다가 낙마해 자리에 눕게 됐다. 온건파는 이 천우신조를 놓치지 않으려 했다. '정도전을 귀양지에서 처형하고, 조준과 남은을 유배시켜라.' 거칠게 국왕을 압박했다. 이 공세의 지휘자는 정몽주였다. 삼봉이 동심우라고 칭송한 정몽주는 갈 길이 서로 다른 '이로적異路敵'이 됐다.

조준과 남은 등 강경파는 거의 대부분 귀양 보내졌다. 정도전은 유배에서 풀려나 영주에서 지내다 예천 감옥으로 압송됐다. 온건파는 연일 정도전과 조준을 죽이라고 왕을 밀어붙였다. 왕이 대안을 제시했다. 먼저 남은 등을 국문하자. 그 말이 조준과 정도전에게 관련이 있음을 밝히자. 그런 다음 아울러 국문하자. 그러나 정몽주는 초조했다. 측근들에게 은밀히 지시했다. 정도전 등을 귀양지에서 국문하다가 고문을 가해서 죽여버리라고 했다. 긴박한 순간이었다.

자포自暴하고 자기自棄한 것일까. 이즈음 유배를 떠난 정도전은 한가롭게 노닐고 있었다. 앙앙불락怏怏不樂하지 않았다. 부글부글 속을 끓이지도 않았다. 맹자도 선을 행할 뿐 결과는 하늘에 맡겨야 한다고 하지 않았던가. 아등대지도 않고, 바동거리지도 않았다. 그는 마음을 비우고, 자연의 눈부신 아름다움에 빠져들었다. 그가 지은 시다.

한 그루 배꽃은 눈부시게 밝은데
지저귀는 산새는 봄볕을 희롱하네
은둔자 홀로 앉아 무심하니
뜰에 제 스스로 돋아난 풀만 한가로이 바라보네

진인사대천명盡人事待天命이라는 말이 있다. 사람이 해야 할 일을 다 한 뒤에는 하늘의 명을 기다려야 한다는 말이다. 노력은 사람의 일이고, 성패는 하늘이 결정할 일이라는 뜻이다. 사람이 할 일은 노력하고 애쓰는 것까지다. 그다음은 인간이 주재할 영역이 아니다. 이런 점에서 베버가 말한 선택적 친화elective affinity란 개념이 매우 유용하다. 노력과 성공은 원인과 결과의 인과관계에 있는 것이 아니다. 둘은 조건이 맞으면 가까이 지내는 선택적 친화의 사이일 뿐이다. 결과에 너무 연연해 하면 좀팽이가 될 뿐이다. 이것이 생사기로의 순간에서도 정도전을 유유자적하게 만든 까닭이었다.

풍전등화, 정도전의 목숨은 바람 앞의 등불이었다. 폭우를 동반한 태풍이었다. 힘의 원천인 이성계는 움직이지 않았다. 나 몰라라 하는 식이었다. 가끔 지도자라는 위인도 이처럼 한심한 꼬락서니를 보이고, 덜떨어진 놈처럼 사리 분간을 못 한다. 아들 이방원이 보다 못해 나섰다. 아버지를 찾아가 특단의 대책을 강구해야 한다고 역설했다. 절망하고 낙담한 탓인지 이성계는 거부했다. 하지만 이방원의 눈에는 자신들에게까지 화가 미칠 것이 자명했다.

4월 마침내 이방원이 혼자서 행동에 나섰다. 가장 간명한 방식, 즉 죽이는 수를 선택했다. 칼을 들고 정몽주를 찾아갔다. 〈하여가何如歌〉로 설득했으나, 〈단심가丹心歌〉로 거부했다. 이방원은 정몽주를 척살했다. 급반전. 이색 등 온건파는 축출되거나, 유배를 당하거나, 감옥에 갇혔다. 온건파는 궤멸됐다. 6월 정도전이 복귀했다.

사람이 정책·제도이자 사상이다

온건파의 반발과 저항, 국왕의 배신에 넌더리가 났다. 왕배덕배 잘잘못을 가리며 이전투구를 벌이는데 진절머리가 났다. 고려왕조는 그 수명을 다해 개혁으로 목숨을 연장할 수 없었다. 정도전은 역성혁명으로 내달렸다. 합법적인 왕조 교체에 착수했다. 정계에 복귀한 지 한 달 만인 7월 12일 공양왕을 왕위에서 끌어내렸다. 이성계는 닷새를 버티다 승낙했다. 마침내 1392년 7월 17일, 조선왕조가 창업됐다. 고려는 34대 475년 만에 천수를 다하고 사라졌다.

역성혁명a dynastic revolution, 정도전으로서는 이성계를 만난 지 9년 만에 이룬 대업이었다. 정도전의 목표는 민본民本 개혁이었고, 조선왕조 창업은 그 수단이었다. 개혁이 내용이었고, 창업은 형식이었다. 새 왕조가 창업되자 정도전은 더욱 바빠졌다. 그는 한마디로 왕조의 설계자였다. 왕조의 틀을 마련하고, 체제의 뼈대를 채비했다. 정책, 인사, 재정, 군사, 왕의 교육과 교서 작성, 역사 편찬 등 국가 운영에 필요한 부분을 거의 망라했다. 새 왕조 출범 11일째 되는 날, 정도전은 국가 운영의 청사진을 발표했다. 17조로 된 『편민사목便民事目』이란 포고령에서, 국가의 통치 이념으로 민본주의와 민생 정치를 분명하게 제시했다.

> "하늘이 백성을 내면서 통치자를 세우는 것은 백성으로 하여금 잘 살도록 보살펴주고 편안하게 다스

리라는 것이다. 그러므로 임금의 도리를 잘 하고 못하는 데 따라 인심이 따르기도 하고 배반하기도 하는 것으로, 하늘의 뜻이 오고 가는 것도 다 여기에 달렸다.”

민생 대책을 펼쳤다. 홀아비, 과부, 고아, 자식 없는 노인 등을 해당 고을에서 가장 먼저 돌보도록 했다. 백성의 등골을 뽑는 호포를 면제해주도록 했다. 논 1결당 생산량을 쌀 2석으로 보고, 그 1/10인 30두 이상을 세금으로 거두지 못하도록 했다.

정도전은 국가 시스템을 새롭게 세팅했다. 그는 민본 · 위민 사상을 근간으로 삼았다. 인정仁政과 덕치德治를 통치 수단으로 활용했다. 백성의 물질생활 안정을 뜻하는 안민安民을 목표로 정했다. 능력 있는 관리에 의한 중앙집권 체제를 구축했다. 국가가 고등교육기관을 운영해 참된 선비를 양성하고, 시험을 통해 능력 위주로 관리를 선발하도록 했다. 왕권을 제한했다. 재상에게 통치의 실권을 부여하고자 했다. 정책 결정 과정에 여론이 개입할 수 있도록 언로를 개방했다. 부정부패를 방지하고자 했으며, 이를 위해 간관諫官과 사헌(어사)의 기능을 강화했다.

신하와 일반 백성의 여론이 국정에 흘러들어 가는 통로를 제도화했다. 경연經筵 제도와 구언진서求言進書 제도가 그것이었다. 경연은 관료들이 국왕에게 유교 경전을 교육시키면서 정책의 자문에 응하는 제도였다. 구언진서는 국왕이 일반 백성의 의견을 물으면 일반 백성이 정치에 관한 의견을 글로 써서 바치는 제도였다. 지방행정을 위해 지방 수령들에게 힘을 실어주면서, 감사(관찰사)를 파견해 견제하도록 했다.

농업 생산력 강화를 위해 적전籍田 제도를 시행했다. 권농관 제도를 두고, 수리 시설 확충에 힘을 기울였다. 적전 제도는 왕이 몸소 농사의 시범을 보임으로써 국민의 중농 의식을 고취해 농업 생산력을 진흥하는 것이었다. 지방 행정구역과 호적 제도를 정비했다. 세제를 합리화했다. 빈민을 위한 복지 정책으로 빈민에게 종자와 식량을 대여해주는 의창 제도, 약물藥物을 염가로 제공하는 혜민전약국 제도를 도입했다.

사람이 제도요, 정책이요, 사상이다. 결국 무슨 일이든 사람을 바꾸지 않으면 안 된다. 정도전은 건국하자마자 '전 왕조의 마지막 시기에 당파를 만들어 변란을 꾸며 화근의 시초를 만들었던' 반대파 56명을 제거하려 했다. 이성계가 반대해 처벌 수위가 낮춰졌다. 이색과 우현보 등은 먼 바닷가로 귀양 갔다. 다른 사람들은 곤장을 맞고 유배를 떠났다. 이 와중에 한 가지 문제가 발생했다. 곤장을 맞던 8명이 죽어버린 것이었다. 이들 중에는 우현보의 세 아들과 이숭인도 포함돼 있었다. 우현보의 세 아들은 정도전의 핏줄 문제를 거론한 자들이었다. 이숭인은 정도전이 '꿈에 보고 눈물을 흘렸다'고 한 동문수학의 막역지우였다. 아량이 없어지고, 배려가 사라진 여말선초의 비정극 · 잔혹사였다.

1392년 8월, 세자 책봉 문제가 대두됐다. 정도전은 '나이도 많고 공로도 있는 아들'을 세자로 세워야 한다고 주장했다. 그것은 이방원을 뜻하는 것이었다. 하지만 총비 신덕왕후 강씨의 베갯머리송사에 넘어간 이성계가 완강하게 고집을 피웠다. 이방원을 지지하는 세력이 크지 않았는지, 완강하게 그를 세자로 옹립해야 한다는 목소리도 거의 없었다. 이성계의 속을 아는 정도전도 더 이상 다른 말을 하지 않았다. 강씨의 소생 방석이 열한 살에 세자가 됐다.

세자 책봉 과정에서 정도전과 이방원은 서로 다른 길로 접어들었다. 세자 책봉 건에서 정도전은 비록 마지못하기는 했지만 어쨌든 이성계의 생각을 따랐다. 재상 중심의 정치를 지향하는 정도전에게 왕위 계승 문제는 별로 중요하지 않았는지도 모른다. 또 성격이 강한 이방원이 왕위에 오르면 신권이 약화되고 왕권이 득세할 것이라고 우려했을 수도 있다. 어쨌든 정도전은 세자의 스승이 됨으로써 그의 후견인이 됐다. 이로써 정도전과 이방원은 상생 불가의 적이 된 셈이었다.

새 술은 새 부대에 담아야 한다. 이성계가 천도를 결심했다. 논란 끝에 한양을 새 도읍으로 정했다. 정도전은 한양의 도시계획을 지휘했다. 대궐과 중심가의 골격뿐 아니라 도성의 4대문과 4소문, 그리고 중심가의 동네 이름도 다 손수 지었다. 경복궁이란 이름은 『시경』의 「주아」편에 나오는 문구에서 따왔다. "이미 술로 취하고 덕으로 배불렀어라, 임금이여 만년토록 큰 복을 누리소서旣醉以酒飽以德, 君子萬年介爾慶福." 정도전은 근정전의 '근정勤政'과 같이 궁, 대문, 전각의 이름 하나하나에도 경계의 메시지를 담고자 했다.

정도전과 함께 스러진 북방 진출의 꿈

천 년의 꿈이라고 해도 좋으리라. 압록강 넘어 만주로 진출하려는 북진정책은 고구려가 망한 이래 민족의 염원이었다. 역사적으로 만주는 주인이 여러 번 바뀌었다. 고구려, 발해가 만주의 전체 혹은 일부를 차지하기도 했다. 당나라, 요나라, 금나라, 원나라가 차지한 적도 있었다. 때문에 당시 사람들에게 요동이 넘봐서는 안 될 남의 땅인 것만은 아니었다. 조선이 건국될 무렵, 명나라가 원나라를 밀어내고 대륙의 주인이 되기는 했지만 요동은 여전히 무주공산으로 남아 있었다. 명나라가 만주를 장악한 것은 3대 황제 영락제(재위 1402~1424) 때로, 한참 뒤의 일이었다. 정도전은 임자 없이 버려진 광활한 대지 요동을 정벌하기로 작정했다.

정도전의 요동 정벌과 최영의 그것은 다른 것이었다. 최영의 요동 정벌은 준비가 없었다. 허장성세, 호왈백만號曰百萬이었다. 정도전의 그것은 5년 동안 치밀하게 준비한 것이었다. 명 · 원이 교체되는 과도기의 틈을 비집고 들어가 실속을 챙기려는 묘수였다. 결코 장나무에 낫 걸기가 아니었다. 그의 구상은 시도 때도 없이 외침에 시달리는 반도의 고립에서 탈피해 대륙으로 삶의 터를 넓히려는 국가적 프로젝트였다.

정도전이 요동 정벌을 최초로 공론화한 것은 1397년 6월이었다. 그런데 명나라는 초장부터 경계했다. 개국하자마자 벌써 조선의 요동 진출에 쐐기를 박으려 했다. 명은 "이제부터 영토를 잘 지키고, 간사한 짓을 하지 말아야" 한다는 국서를 조선에 보냈다. 9년 전의 요동 정벌을 위한 출병, 7년 전의 윤이 · 이초 사건 등에 의한 학습 효과였다.

이듬해 5월, 주원장은 한 술 더 떴다. 조선의 스파이 행위와 여진족 회유정책을 경고했다. 전쟁 불사 의지를 천명한 공문을 보내왔다. 1393년 12월, 경고의 수위가 더 높아졌다. 주원장이 사신을 보냈다. 조선 정벌 운운하며 변경에 말썽을 일으키지 않아야 조선의 임금 노릇이라도 할 수 있을 것이라고 했다. 이듬해 2월과 3월 압록강변에서 무력시위까지 벌였다.

정도전은 중국의 협박에 정면 대응을 피하면서도 준비를 계속해나갔다. 1393년 9월 국가재정을 담당하는 삼사판사로 자리를 옮겼다. 그다음 삼군총제부를 의흥삼군부로 개편하고 그 수반이 됐다. 이로써 재정권과 군권을 동시에 장악했다. 그러나 군권이라고 해봐야 사실 보잘것없는 것이었다. 통제 가능한 관군은 극히 소수였기 때문이었다. 거의 대부분의 군사는 왕자들과 공신들에게 속한 사병이었다. 정도전은 사병을 혁파하고 강력한 관군을 건설하는 데 착수했다. 그것은 요동 정벌이나, 중앙집권 체제 완성을 위한 전제 조건이었다. 정도전은 직접 병서를 쓰고, 진법서를 만들었다. 그리고 자신의 진법에 따라 군사들을 훈련시켰다. 군기 확립에도 나섰다.

한편 이방원은 도저히 아버지 이성계의 후계 결정을 따를 수 없었다. 분하고 억울했다. 절치부심 세력을 키워갔다. 하륜을 끌어들였다. 조준·권근과 사돈 관계를 맺었다. 그냥 맥없이 굴복하지 않을 그였기에 정도전의 사병 혁파 움직임에 촉각을 곤두세웠다. 1394년 6월 이방원은 주원장을 설득하러 명나라에 사신으로 가게 됐다. 명나라의 강경한 분위기를 고려하면 이방원으로서는 정치적 승부수였던 셈이다. 뜻밖에도 명나라는 이방원을 '조선 세자'라고 부르며 환대했다. 이후 1395년까지 명나라는 전쟁 위협의 중단이라는 선물도 주었다. 이방원으로서는 정치적 쾌거였다.

이름을 드높인 이방원이 드디어 정도전 견제에 나섰다. 정도전의 권력 집중을 공격 소재로 삼았다. 양측 간의 대립이 불가피하게 본격화됐다. 그러나 이미 정도전과 한배를 탄 이성계였다. 그가 정도전의 손을 들어주었다. 문제를 제기한 인사들의 배후를 의심하며, 이들을 귀양 보내버렸다.

1396년 2월, 소강상태가 깨졌다. 명나라가 표전문表箋文 사태를 일으킨 것이다. 이를 계기로 정세는 급변했다. 조선에서 명나라에 바친 표전문에 모욕적인 내용이 있으니 작성자를 압송하라고 요구했다. 정도전을 겨냥한 것이었다. 이성계는 정도전이 병중에 있을 뿐만 아니라 책임이 없다며 압송을 거부했다. 다른 한편으로는 정도전을 삼사판사 자리에서 물러나도록 함으로써 분위기를 진정시키려 했다.

1397년 3월, 표전문의 교정자로 명나라에 압송된 권근이 이방원의 사돈이라는 이유로 오히려 환대를 받고 귀국했다. 명나라 사자들은 조정 신료들에 대해서는 거만하게 대하면서도, 이방원에겐 집을 찾아가 인사할 정도로 존대했다. 하지만 정도전에 대해서는 모든 공세를 집중시켰다. 명나라가 조선의 사신을 억류하면서 이들이 '정도전의 팔다리'이기 때문임을 분명히 했다.

이제 상황은 명확해졌다. 이성계와 정도전을 한편으로 하고, 주원장과 이방원을 다른 한편으로 하는 전선이 파국을 향해 치닫고 있었다. 요동 정벌과 사병 혁파는 동전의 양면이었다. 사병私兵을 혁파해야만 강력한 공병公兵을 건설할 수 있고, 강력한 군대가 있어야만 요동을 정벌할 수 있는 것이었다. 사병 혁파란 개혁과 요동 정벌이란 비전은 이처럼 불가분의 관계에 있었다. 이방원과 주원장이 내통하고, 동맹을 맺은 이유가 여기에 있었다. 이방원이 중국을 방문한 이후 명이 정도전을 '화의 근원禍源'으로 지목했다. 정도전을 제거하기 위해 이방원이 먼저 주원장에게 말질했을 수도 있다.

1397년 6월, 정도전은 태조에게 정식으로 요동 정벌을 청했다. 역시 주위의 비판에 흔들리지 않는 정도전다운 행보였다. 10월 정도전은 패쪽 없이 군사를 동원하는 자를 엄격히 벌한다는 규칙을 공표했다. 사병을 거느린 반대 세력을 견제하기 위한 실질적 조치였다.

운명의 여신에겐 절개가 없다. 그녀는 수시로 연

인을 바꾸는 바람둥이다. 그녀는 정도전을 언제 봤냐는 듯이 외면했다. 거친 이방원에게 마음을 빼앗겼다. 정도전이 코너에 몰렸다. 세력을 키운 이방원과 주원장의 공세 앞에 이성계가 주춤거린 게 가장 큰 이유였다. 한 해 전 강씨가 죽자 사는 맛이 없어진 이성계였다. 이성계는 12월 정도전을 의흥삼군부 판사 자리에서 물러나게 했다. 군권은 이방원 세력의 조준에게 넘어갔다. 그 전해 7월 삼사판사 자리도 내어준 터였다. 정도전으로서는 사실상 실각이었다.

정도전에게 마지막 기회가 왔다. 1398년 윤5월, 주원장이 죽었다. 연이어 명나라는 후계 체제를 둘러싸고 혼돈에 빠져들었다. 요동 정벌을 위한 천재일우의 타이밍이었다. 정도전은 이성계를 채근했다. 8월 1일, 이성계가 사헌부에 명을 내렸다. 왕자들과 공신, 대장군 등이 진도陣圖를 익히지 않는 이유를 추궁하라고 했다. 이성계는 진도를 익히지 않은 삼군절제사, 상장군, 대장군, 군관 등 292명을 탄핵하도록 했다. 임무 소홀의 책임을 물어 각 도의 진도 훈련관에게 곤장 100대씩을 쳤다.

이성계는 진법 훈련을 게을리한 왕자들과 공신들

에게도 엄중한 경고의 메시지를 보냈다. 왕족과 공신의 수하들에게 태형 50대를 벌했다. 진도를 익히지 않는 절제사는 모두 장형에 처하라고 명했다. 그리고 사병을 해산하고, 병장기를 모두 불태워버리라는 사병 혁파령을 내렸다. 이방원으로선 기로였다. 백기 투항, 무장해제냐 아니면 비상수단을 강구해야 하느냐 하는 기로였다.

이방원은 부러질지언정 구부릴 위인이 아니었다. 실력 행사에 나섰다. 정몽주를 해치웠던 수법을 다시 구사했다. 이성계가 병으로 거동을 못하게 된 틈을 타 정도전을 급습했다. 그의 목을 베어버렸다. 형제들도 죽였다. 8월 26일에 일어난 이 사건을 역사는 무인정사戊寅靖社라고 부른다. 권력에 눈먼 자식이 아비를 상대로 일으킨 유혈 참사였다. 정도전은 희생양이었다. 5백 년 왕조의 설계자 정도전, 그는 비명에 갔다. 이방원은 정도전만 죽인 게 아니었다. 북방 진출이라는 민족 염원도 함께 사장했다. 정도전은 죽기 전 시를 한 수 남겼다.

양조에 한결같은 마음으로 공력을 다 기울여
서책에 담긴 성현의 참 교훈을 저버리지 않고 떳떳이

살아왔소
삼십 년 긴 세월 온갖 고난 다 겪으면서 쉬지 않고 이룩한 공업
송현방 정자에서 한잔 술 나누는 새 다 허사가 되었구나

정도전은 왜 그렇게 허무하게 당했을까?

가장 일차적인 이유는 현직에서 물러나 있었다는 점이다. 특히 병권을 놓은 것은 결정적 패착이었다. 하지만 보다 근본적인 이유는 정도전의 스타일에 있다. 즉, 그는 이리 살피고, 저리 모색하는 백면서생이 아니었다. 그는 권력 때문에 소곤소곤 치근거리는 모사가 아니었다. 그는 함께 역사를 만들어나간 대등한 파트너였다. 그가 소인배였다면 당연히 이방원과 손잡거나 먼저 그를 제거하려 했을 것이다. 그러나 그는 한결같은 마음으로 떳떳하게 살았다. 간난과 고초를 겪으면서도 나라를 바로 세우는 데 매진했다. 민족의 운명을 바꿔놓고자 했다

정도전은 실패했는가? 아니다. 성공했다. 조선왕조를 창업하면서, 그는 거의 혼자서 국가 운영 시스템을 마련했다. 사법, 행정, 인사, 군사, 설계, 경제

등 거의 모든 분야, 거의 모든 문물과 제도에 그의 손때가 묻지 않은 것이 없다. 통치 이념과 세력을 교체했다. 귀족 중심의 지방 할거 체제를 관료·사대부 중심의 중앙집권 체제로 바꾸었다. 정도전이 세팅한 시스템 덕분에 조선왕조는 5백 년이나 이어졌다. 그것만큼 긴 역사의 찰나를 살아가는 인간으로서 갈망하는 성공이 또 있을까!

슈테판 츠바이크가 말했다. "위대한 운명의 순간은 언제나 천재를 원한다." 정도전은 운명의 순간에 등장한 최고의 천재였다. 한 나라를 다스리는 것을 넘어 한 시대를 경영한 경세가였다. 정도전, 그는 한민족 역사상 필적할 만한 이가 없는 단연 최강의 경세가다.

정도전의 참모 멘토링mentoring

- 장삼도 단 한 번 살고, 이사도 꼭 한 번 사는 게 인생이다. 김지도 자기 삶을 살고, 이지도 자기 생을 산다. 장삼이사張三李四, 김지이지金的李的 모두 똑같다. 예측하면서 너울거리지 말고 주저 없이 선택해 거침없이 살다 가는 게 최고다.

- 순간의 패배에 굴하지 말라. 어렵다고 애초에 품은 뜻 슬그머니 접지 말라. 지금의 패배는 더 큰 승리를 위한 담금질일 뿐이다. 문제는 패배가 아니라 절망이다.

- 보스와 참모는 대등한 파트너다. 역할이 다르고 외형상 고하高下가 있기는 하지만 우열이나 귀천이 있는 것은 아니다. 맞아 죽어도 굴종하지 말라.

- 만사와 바꾸지 않고서는 한 가지 큰일을 해낼 수 없다. 이루고 싶은 한 가지가 있다면 다른 열 가지, 백 가지를 잃더라도 끝까지 그것을 고수하라. 어차피 아무리 발버둥 쳐도 내게 허락된 것은 극소수다. 하나둘이면 충분하다.

- 보스를 선도하라. 지시에 길들여지지 말고 꽁무니에 익숙해지지 말라. 따라다니기 바쁜 참모는 모래알처럼 많고, 나뭇잎처럼 흔하다. 보스보다 더 넓고, 더 크게 생각하라. 내 꿈을 감당하지 못할 그릇이면 아예 보스로 삼지 말라.

6

한 나라를 바꾸고 세계 질서를 재편한 위대한 파트너

에드워드 하우스 & 우드로 윌슨

하우스는 결코 윌슨의 자존심을 건드리면서까지 논쟁하지 않았다. 항상 잘한다고 말해주었다. 용기를 주었다. 격려를 아끼지 않았다. 뭔가를 요구하지 않고 주려고만 했다. 이처럼 지도자의 정서를 잘 이해하고, 활용하는 것도 유능한 참모의 조건이다. 단 설탕도 입에서 녹지 않으면 누구도 그 단맛을 알 수 없는 것과 같은 이치다.

인연이런가.
그들은 만나자마자 첫눈에 반했다.
이심전심의 살가운 친구가 됐다.
이듬해 겨울,
그중 한 사람이 떠들썩하게 대통령직에 올랐다.
다른 한 사람은 그 대통령의 분신으로 조용하게 움직였다.
그러나…
애면글면 부대끼며 지낸 동행이 어언 13년,
한 사람이 먼저 세상을 떠났다.
신의 질투인가.
남은 한 사람은 떠나는 친구를 전송하지도 못했다.

'역사상 가장 기묘하지만, 성과도 많았던 우정', 미국 제24대 대통령 우드로 윌슨Woodrow Wilson과 에드워드 하우스Edward House의 사귐에 대한 평가다. 그들의 우정은 미국을 개혁했다. 제1차 세계대전을 승리로 이끌었다. 그리고 국제 질서를 재편했다.

무엇이 그들의 우정을 인연하게 한 것일까. 권력에 대한 탐욕 때문에 야합한 것일까. 그럴 수도 있다.

특히 하우스에 대해선 냉갈령도 적지 않다. 입에 발린 소리와 듣기 좋은 아부로 권력에 기생한 인물이란 것이다. 이런 시각이 있으면, 저런 시좌視座도 있기 마련이다. 정반대 평가도 많다. 인간적으로 서로 깊이 이해하고, 정치적으로 생각이 같았다는 것이다. 결과는 안 좋아도 뜻은 가상했다는 논리는 둔사遁辭다. 에두른 변명이거나 위로일 뿐이다. 우렁잇속 같은 속마음을 따지는 것은 다 부질없는 짓이다. 문제는 행동이고, 그 결과다. 어떻게 행동했고, 어떤 결과를 낳았는지가 평가의 잣대가 돼야 한다. 그런 점에서 하우스와 윌슨의 우정은 생산적이었다. 그들은 이타적 신뢰를 나눴다. 개혁 조치를 추진했다. 따라서 위대한 파트너십이라고 하는 것이 적당할 듯싶다.

하우스는 1858년 텍사스 주 휴스턴에서 태어났다. 그의 집안은 텍사스에서 가장 부유했다. 그에게 허락된 가족 정체성은 일곱 번째 아들이란 것이었다. 열두 살에 말라리아를 앓았다. 이후 몸이 허약해졌다. 평생 더운 날씨를 피해 다녀야 했다. 물려받은 재산으로 많은 돈을 벌었다. 하나를 이루면 다른 것에 도전하고 싶은 게 인지상정이다. 그는 어릴 적 꿈이던 정치에 관심을 갖기 시작했다. 리더가 될 것인지, 그 리더를 돕는 참모가 될 것인지 고민했다.

선택의 순간, 자신에게 최대한 인색하고 끝까지 냉정해야 한다. 또 솔직해져야 한다. 아무도 보지 않는 일기에서조차 100% 정직하지 못한 것이 사람이다. 그러나 결정을 내려야 할 때만큼은 진솔해야 한다. 하우스는 생각했다. 나는 키가 작다. 건강도 좋지 않다. 감동적인 목소리도 없다. 그렇다면? 마침내 결론을 내렸다. 앞에 나서지 말고 조용히 뒤에서 돕자. 하우스는 리더가 아니라 어드바이저adviser, 멘토mentor가 되기로 했다.

내 뒤에서 걷지 말라.
나는 지도자가 되고 싶지 않으니까.
내 앞에서 걷지 말라.
나는 추종자가 되고 싶지 않으니까.
내 옆에서 걸으라.
우리가 하나가 될 수 있도록.

미국 유타 주의 이름이 생겨나게 한 인디언 부족 유트족族이 남긴 글귀다. 맘에 맞는 보스를 만나고 싶은 하우스의 마음이 이랬을 것이다.

하우스의 궁극적 목표는 전국 정치에 있었다. 그러나 천 리 길도 한 걸음부터다. 벼슬하기 전에 일산日傘 준비라는 말도 있다. 서두르지 말고 차근차근 나아가라는 메시지다. 하우스는 한 걸음씩 전진했다. 주州 정치에서부터 시작했다. 먼저 정치를 깊이 연구하고, 정치적 사고에 능숙해지려고 노력했다. 하지만 생각은 실천을 통해 벼려져야 하나의 기술이 된다. 마침내 서른네 살의 그에게 기회가 찾아왔다. 민주당의 주지사 후보 예비선거에서 현직 주지사를 지원했다. 승리를 이끌어냈다. 이 양반이 얼마나 고마웠던지 보은 선물을 주었다. 그에게 남부 지방 특유의 경칭인 '각하Colonel'를 선사했다.

이후 하우스는 1902년까지 10년 동안 4명의 주지사를 당선시켰다. 자연스레 막후 실세, 정치적 대부로서 막강한 영향력을 발휘하게 됐다. 그러나 그는 자신이 정해놓은 경계를 절대로 벗어나지 않았다. 그의 도움으로 당선된 주지사들이 그에게 여러 차례 공직을 제의했다. 그때마다 그는 사양했다. 막후에 남겠다는 스스로의 다짐에 충실하고자 했다. 일 잘하면서 욕심 없는 참모가 단연 최고다. 하우스는 정치 전략에 대해 천부적 재능을 타고났다. 권력투쟁에 초연했다. 상황의 핵심적 요소를 냉철하게 평가했다. 도움을 줄 때는 조용하고 은밀하게 움직였다. 금도襟度, 즉 다른 사람을 포용할 만한 도량도 남달랐다. 게다가 하우스는 보상도 바라지 않았다. 출마할 의사나 공직에 대한 미련이 손톱만큼도 없었다. 금상첨화라 더할 나위 없이 매력적인 조건이었다. 보스에게 나지막이 두선거릴 뿐 나 잘났다고 언론에 나서지도 않았다. 이것이 그가 정치인들로부터 신뢰를 얻는 비결이었다. 자기 욕심을 채우려는 마음이 사심私心이다. 바르지 아니하고 간사스러운 마음이 사심邪心이다. 그는 사심私心 없이 넉넉했고, 사심邪心 없이 올곧았다.

하우스가 연출한 캠페인이 성공할 때마다 명성은 쌓여갔다. 그럴수록 큰물에서 놀고 싶은 열망도 점점 강렬해졌다. 하지만 그의 앞에는 브라이언William Jennings Bryan이 성벽처럼 버티고 있었다. 브라이언은 1896년과 1900년 대통령 선거에서 민주당의 후보였다. 그들은 한때 이웃사촌이었다. 인간적으로 친한 사이였다. 하지만 정치인 브라이언에 대한 하우스의 평가는 좋지 않았다. 하우스의 판단으론 브라이언의 대통령 당선 가능성이 너무 낮은 게 문제였다. 그의 급진 개혁 정책에 대해서도 동의할 수 없었다. 하우스가 특히 눈살을 찌푸린 것은 브라이언의 귀였다. 브라이언은 가는귀가 먹고, 큰 귀도 어두웠다. 브라이언은 변화무쌍한 민심을 재빠르게 수용하는 데 둔했다. 주위의 조언에도 아랑곳하지 않는 고집불통이었다. 이런 교슬膠瑟의 보스가 단연 최악이다. 듣지 못하는 농자聾者, 보지 못하는 청맹靑盲의 리더야말로 가장 최하다. 조언자의 길을 걷기로 한 하우스에게 이러한 브라이언은 도저히 함께 일을 도모하기 힘든 인물이었던 것이다.

드물어야 귀貴하고, 보기 어려워야 존尊하다. 기웃거리면 가치만 떨어진다. 얼쩡거리면 체신만 상한다. 하우스는 계속 기다렸다. 당의 권유를 뿌리치고 멀찌감치 떨어져 관망했다. 하우스의 예상대로 브라이언은 두 번 모두 패배했다. 아니다 싶을 땐 모른척하는 것이 자신을 낭비하지 않는 하나의 방편이다. 억지를 쓰고, 악지를 부리는 것은 바보짓이다. 쉬어야 할 때 무심하게 쉬는 것은 아주 좋은 자기존대다. 하우스는 1902년 주지사 선거를 끝으로 정치 현장에서 발을 뺐다. 사업에만 전념했다.

분열은 진보의 고질병이다. 분열은 극단을 낳는다. 우왕 끝에 좌왕 하고, 이리 쏠렸다가 저리 몰려간다. 1904년의 민주당이 이처럼 분열했고, 또 극단으로 치달았다. 보수파의 인물이 대통령 후보가 됐다. 어떤 사회적 현상이나 사조 따위가 널리 사회에 퍼지는 것을 일컬을 때 풍미風靡라는 단어를 쓴다. 바람에 초목이 쓰러지는 것이 풍미다. 19세기 말부터 20세기 초까지를 풍미한 개혁 운동이 혁신주의progressivism다. 그 혁신주의를 지지하는 하우스였지만, 그는 온건 개혁 후보를 선호했다. 선거는 다수를 얻어야 이기는 게임이기 때문이었다. 하우스의 계산으로는 온건 개혁 후보가 나서야 본선에서 승산이 있었다. 보수 성향의 후보나 브라이언 같은 급진 성향의 후보로는 이길 수 없다는 생각이었다. 아니나 다를까 민주당은 본선에서 패배했다. 민주당은 1908년 브라이언을 다시 후보로 뽑았으나 역시 패배했다. 4번 연속 패배였다. 지켜보는 하우스도 실망하기는 마찬가지였다. 그러나 어쩌랴. 다시 기다리는 수밖에 없었다. '기다릴 줄 아는 것이 성공의 첫 번째 비결'이라고 하지 않던가.

하우스, 윌슨을 간택하다

승리에 길들여지다 보면 느슨해진다. 오만해진다. 작은 차이에도 목소리를 높이고, 사소한 갈등도 크게 폭발한다. 대선이 끝나고 공화당도 당내 갈등에 빠져들었다. 장기 집권의 후유증이었다. 공화당의 분열은 민주당보다 더 심했다. 아예 분당까지 나아갔다. 1901년부터 1909년까지 대통령을 지낸 시어도어 루스벨트Theodore Roosevelt는 공화당 소속의 혁신주의자였다. 그는 퇴임 전 태프트William Howard Taft를 후계자로 지목했다. 1908년 선거에서 태프트는 대통령에 당선됐다. 하지만 태프트는 취임식에서 성서 위에 얹은 손의 온기가 채 가시기도 전에 공화당의 보수파와 손잡아버렸다. 혁신주의 정책으로부터 등을 돌린 것이었다. 배신감을 느낀 루스벨트는 대로했다. 그는 혁신당을 창당해 공화당을 떠나버렸다.

남의 불행은 나의 행복, 이것은 모든 싸움의 진리다. 민주당으로서는 실로 오랜만에 찾아온 기회였다. 하우스가 오매불망 사복思服해온 기회이기도 했다. 하우스의 정치적 DNA가 꿈틀거리기 시작했다. 범죄 현장의 행동 분석을 통해 범인의 성격, 행동

패턴, 직업, 학력 등 범죄자 유형을 추정하는 수사 기법이 프로파일링profiling이다. 시대 상황, 여론, 정서, 주요 이슈, 흐름, 상대 후보, 구도, 지지 기반 등을 종합한 뒤 이러한 조건에 가장 적합한 후보를 찾는 작업도 일종의 프로파일링이다. 하우스는 정치적 프로파일링을 통해 동부 출신의 개혁주의자가 최적의 후보라고 판단했다. 1910년 초 그는 후보감 물색을 위해 뉴욕 주로 갔다. 그는 현직 뉴욕 시장인 게이너William J. Gaynor에게 주목했다. 하지만 게이너는 그와의 약속을 상의도 없이 뒤집어 버렸다. 하우스는 미련 없이 게이너를 수첩에서 지워버렸다. 하우스는 여러 사람을 대상으로 올려놓고 이리저리 검토했다. 그들 모두 한두 가지씩의 흠을 가지고 있었다. 마음은 급한데, 사람은 없고…. 하우스의 고심은 날로 깊어만 갔다.

1910년 가을 즈음, 하우스의 눈에 한 사람이 들어왔다. 윌슨이었다. 당시 윌슨은 뉴저지 주지사 선거에 출마해 선거운동에 열중하고 있었다.

윌슨은 1856년 버지니아 주에서 태어났다. 장로교 목사인 아버지와 장로교 목사의 딸인 어머니 사이에서 엄격한 기독교 교육을 받으며 성장했다. 1879

년 프린스턴 대학을 졸업하고 변호사가 됐다. 그러나 곧 변호사 일이 시큰둥해져 다시 존스홉킨스 대학에 들어가 역사와 정치학을 공부했다. 1885년 박사 학위를 받았다. 다른 대학에서 교수 생활을 하다 1890년 프린스턴 대학으로 옮겼다. 2년 뒤 이 대학의 총장이 됐다.

대학 총장으로서 윌슨은 개혁 조치를 주도해나갔다. 대학 개혁은 그를 대중적 인물로 부각시켜주었다. 학계에 몸담고 있었지만 윌슨은 정치를 하고 싶어했다. 허나 좀처럼 기회가 주어지지 않았다. 그만큼 정치에 대한 그리움은 깊어갔다. 어느 날 기회란 녀석이 갑자기 똑똑 문을 두드렸다. 1910년 1월, 민주당의 뉴저지 주 '정치 두목' 제임스 스미스가 뉴저지 주지사 출마 건으로 접촉해 왔다. 왜 그들은 대학 총장 윌슨에게 주목했을까?

그들은 후보가 필요했다. 유력 후보 없는 세력은 아무리 강해도 쇠퇴가 불가피하다. 정치적 불임은 치사致死 요인이다. 그래서 그들도 그럴싸한 후보를 물색했던 것이다. 그들이 윌슨에게 주목한 이유는 세 가지였다. 윌슨에게는 대중성이 있었다. 윌슨은 기업에 대해 관대한 입장을 보이는 반면 노동운동에 대해선 싸늘했다. 정치를 좌지우지해온 정치 두목들의 천적인 브라이언을 윌슨도 아주 싫어했다. 그들에게는 나름 적격의 인물이었다. 거래를 제안했다. 윌슨이 주지사가 되었을 때, 정치 두목들이 장악하고 있는 민주당 조직에 일체 손대지 않는다. 윌슨 자신의 사조직을 구축해서도 안 된다. 이런 조건을 수용하면 후보직을 주겠다고 했다. 주먹밥도 마다치 않을 판인데, 찬밥 더운밥 가리랴. 윌슨은 얼른 수용했다. 과연 이 거래가 제대로 유지될 수 있을는지….

6월, 윌슨은 주지사 후보 경선 출마를 공식 선언했다. 시작은 그리 좋지 않았다. 개혁 세력이 그를 공격하기 시작했다. 뉴저지 노조 연맹은 윌슨을 노동의 적으로 규정했다. 혁신주의가 대세인 시대였기에, 반反윌슨 정서는 상당한 국민적 호응을 받았다. 개혁 현안에 대한 입장을 밝히라는 여론이 빗발쳤다. 하지만 개혁의 목소리를 내자니 보수 세력을 자극할 것이 두려웠다. 그렇다고 보수의 목소리를 내자니 개혁 세력의 심기를 건드리는 것이 걱정이었다. 윌슨에겐 그들 모두가 필요했다. 당내 경선에서는 보수 세력의 힘이 필요했고, 본선 승리를 위해서는 개혁 세력의 지지가 필요했다. 윌슨은 고육지책으로 침묵을 선택했다. 침묵은 긍정이라던가. 개혁 세력은 침묵이 곧 그가 월가街와 정치 두목들의 주구走狗라는 사실을 인정하는 것이라고 해석했다. 그러나 개혁 세력의 반대에도 불구하고, 윌슨은 9월의 전당대회에서 후보로 선출됐다.

후보가 된 윌슨, 기다렸다는 듯 표변하다

계절이 바뀌면 표범의 털 무늬도 달라진다. 표변豹變이다. 후보 수락 연설을 위해 단상에 오른 윌슨은 표변했다. 그는 정치 두목들로부터 독립을 선언했다. 오직 국민의 요구만 따를 것임을 분명히 했다. 혁신주의 개혁을 지지한다고 선언했다. 굴욕을 견뎌온 윌슨이 이제 본색을 드러낸 것이었다. 개혁파 대의원들은 열광적으로 환호했다. 그렇다고 개혁 세력들이 윌슨을 완전히 신뢰한 것은 아니었다. 며칠 뒤 윌슨은 두목 체제에 대한 반대를 공개 천명했다. 가스 등 공공사업에 대한 정부 통제, 노동자의 수당 인정, 상원 직접선거 도입, 부패 척결 등 개혁 조치에 대한 지지도 공개적으로 밝혔다. 그제야 개혁 세력은 모든 의심을 털어냈다. 윌슨을 위한 선거운동에 맹렬히 뛰어들었다.

과연 이런 표변이 정당한가. 정당한 목적을 위해서라면 악마와 타협해도 되는 것인가. 가타하는 사람도 있을 것이고, 부타하는 사람도 있을 것이다. 인류가 끝나는 날까지 왈가왈부도 끝나지 않을 것이다. 그런데, 정치는 도덕과 다르다. 옳고 그름의 잣대로만 따질 수 없는 영역이다. 법을 범할 수는 없지만 논리를 월越하고, 도덕을 승昇하는 것이 바로 정치의 힘이다. '군자표변'이란 말도 있듯이 군자도 표변한다. 그런 점에서 윌슨이 보수 세력을 이용해 후보직을 따낸 것도 탓하기만 할 일이 아닌 것 같다. 게다가 윌슨은 주지사로서 개혁에 충실하지 않았나. 한 점 얼룩도 허용치 않겠다는 자세는 정치에 맞지 않다.

윌슨은 뉴저지 주를 휩쓸었다. 전국의 이목을 끌어모으는 데에 성공했다. 대권 경쟁에 뛰어들 소중한 밑천이 생긴 셈이었다. 하우스가 윌슨에게 주목한 시점이 바로 이즈음이었다. 윌슨을 유력한 대안의 하나로 검토하기 시작했다. 윌슨에 대해 자세히 알아보기 시작했다. 그의 경력, 그의 연설과 저서를 집중 연구했다. 11월 8일 윌슨이 주지사에 당선됐다. 주 의회도 민주당이 장악했다. 윌슨은 당선된 후 입법부를 리드해 여러 개혁 조치들을 실행해나갔다. 가장 보수적이었던 뉴저지를 가장 혁신적인 주로 탈바꿈시키고 있었다. 하우스는 내심 윌슨이 최적의 후보라는 결론에 도달했다.

이제 윌슨은 자연스레 대통령 후보로 거론됐다. 1911년 들어 텍사스 주에서도 윌슨을 대통령으로 만들자는 조직이 생겨났다. 이에 발맞춰 윌슨이 텍사스를 방문해 연설했다. 여기서 누군가 윌슨에게 하우스란 이름에 대해 언급했다. 왠지 스쳐 지나지 않고 여운을 남기는 이름이었다. 하우스의 명성을 자세히 전해 들었다. 그에 대해 면밀히 탐구했다. 가슴속에 만나보고 싶은 마음이 꼬약꼬약 일어났다. 두 사람과 다 알고 지내던 이들이 나서서 둘을 이어주고자 했다. 시기도 무르익은 것처럼 보였다. 하지만 하우스는 더 기다렸다. 소 굿 소리 듣듯 했다. 10년 가까이 기다려온 그였다. 성급하게 만나기 싫었다. 기왕에 인연이다 싶은 확신이 들 때일수록 유장히 대응하는 것이 좋다. 인연을 잘 맺는 것도 기술이고 노력이다. 하우스는 진지하고 차분한 대화 자리가 만들어질 때까지 고즈넉이 기다렸다.

1911년 11월 24일 오후 4시, 뉴욕의 고담호텔에서 두 사람이 만났다. 윌슨은 55세, 하우스는 53세였다. 새삼스럽게 우정을 쌓기엔 늦은 나이였지만, 두 사람은 마치 천생연분처럼 서로에게 끌렸다. 남의 몸가짐이나 차린 모습을 높여 이를 때 지우芝宇라고 한다. 남이 자신의 인격이나 재능을 알고 잘 대우하는 것을 지우知遇라고 한다. 하우스와 윌슨은 서로의 지우芝宇가 맘에 들었고, 상대의 지우知遇가 고마웠다. '어제 보던 손님'이란 속담 그대로였다. 둘은 많은 대화를 나눴다. 서로 배짱도 맞았고, 거의 모든 이슈에서 생각이 일치했다. 철학과 정책도 한통속이었다. 언필칭, 서로 마음이 통하는 벗 지우知友였다. 이날 이후 7년 동안 하우스는 윌슨의 분신이었다. 윌슨이 세상을 보고 듣는 눈과 귀였다. 그때의 감동을 하우스는 이렇게 말하고 있다.

"경이로운 만남이었지. 모든 현안에 대해 의견이 같았거든. 그렇게 생각이 같은 사람을 일찍이 만난 적이 없었는데…. 함께 있으면 얼마나 즐거운지 몰

라. 그는 말이야, 믿어지지 않을 정도로 훌륭한 인물이었어."

윌슨이 대중을 움직이면, 하우스는 개인을 설득한다

윌슨은 하우스에 대해 이렇게 평가했다.

"내가 그에게 매료된 것은 그가 모든 것을 적당한 거리에서 떨어져 객관적으로 대하고 있다는 점이야. 그에게는 어떤 제안이든 본령으로 곧장 진입해 그 핵심을 신속하게 파악하는 능력이 있단 말야. 그가 자신을 위해 원하는 것은 아무것도 없어. 공직에 대한 욕심도 없지. 한 사람이 가질 수 있는 가장 소중한 자산은 사심이 없다는 것인데, 그가 바로 그런 친구야."

하우스에게 윌슨은 조언을 받아들일 줄 아는 그릇이었다. 윌슨에게 하우스는 대권 가도에 놓인 숱한 장애물을 제거해주고, 정신적 편안함과 조언을 제공하는 정치적 스승이었다. 윌슨은 감동적인 연설을 하는 언어의 마술사였다. 하우스는 작은 기미도 놓치지 않는 민첩한 전략가였다. 윌슨이 뭔가를 주창하면, 하우스는 이를 실행하기 위한 행동에 나섰다. 윌슨의 정적과 협상하는 것도 마다하지 않았다. 윌슨의 몫이 대중을 움직이는 것이라면, 하우스의 몫은 개인들을 설득하는 것이었다. 하우스가 아이디어를 모아 오면, 윌슨은 거기에다 영혼을 불어넣었다. 둘이 합친 힘은 쇠를 자르고, 둘이 나누는 말은 난초 향기와 같다는 말이 있다. 금란지교金蘭之交다. 윌슨과 하우스의 우정이 금란지교였다. 서로는 서로를 보완해주는 자질과 능력을 갖춘 파트너였다. 인간적으론 옴살이었고, 정치적으로는 막강한 동맹이었다.

공화당은 이미 분열했고, 최적의 인물도 이제 만났다. 킹메이커가 되고자 한 오랜 염원을 마침내 실현할 준비가 마무리된 것이었다. 남은 과제는 브라이언을 넘어서는 것이었다. 브라이언이 다시 출마할 리는 없었다. 그러나 그의 지지 없이는 누구든 후보가 될 수 없는 것도 사실이었다. 하우스가 마법을 부려야 할 상황이었다. 만나기 전에는 여유롭던 하우스였지만 만난 뒤에는 발 빠르게 움직였다. 처음 윌슨과 만난 그 다음 날부터 작업에 착수했다. 브라이언에게 '윌슨의 생각이 당신과 일치한다'는 내용의 편지를 보냈다. 그 이후에도 계속 윌슨과의 대화 내용을 브라이언에게 전했다. 브라이언이 필생의 적으로 생각하는 집단이 금융 재벌이었다. 그들이 윌슨을 적대시하고 있다는 사실도 브라이언에게 알렸다. 같은 적을 두고 있다는 것은 상당한 동질성이다. 친구가 되게끔 하는 원동력이다. 하우스의 처신은 이런 효과를 겨냥한 것이었다. 설득은 논리보다 감성을 더 선호한다. 백 마디 말보다 따뜻한 눈빛이 마음을 움직이는 법이다. 이런 점에서도 하우스는 빈틈이 없었다. 브라이언을 자주 집에 초대해 얘기를 나누었다. 브라이언의 부인도 움직였다. 용의주도한 공략이었다. 하우스는 정말 일을 즐기는 프로, 일을 해내는 전문가였다.

어느 정도 정지 작업을 마쳤다고 생각되자 하우스는 다음 단계로 넘어갔다. 윌슨과 브라이언이 직접 화해할 수 있는 자리를 주선했다. 1912년 1월, 민주당의 주요 인사가 한자리에 모이는 만찬이 열렸다. 윌슨과 브라이언은 초청 연사였다. 자연스럽게 만날 수 있는 계기가 생긴 것이다. 하지만 과거 윌슨에게 배신당한 정적들이 가만있지 않았다. 5년 전 윌슨이 친구에게 쓴 편지를 때맞춰 언론에 공개했다. "브라이언을 영원히 때려눕힐 수 있다면 지금 당장 무슨 일이라도 할 것이네."

모든 게 도로 아미타불이 될지도 모르는 절박한 상황이었다. 그러나 우연이나 망외望外가 없으면 어디 인간사인가. 만찬장에서 윌슨을 대하는 브라이언의 태도는 의외로 담담했다. 편지를 공개한 이들의 의도를 너무도 잘 알고 있었기 때문이었다. 그들의 의도에 놀아나기 싫었던 것이다. 게다가 또 하우스의 능숙한 심리전도 작용한 결과였다. "윌슨이 자신의 정치권 최초 후원자이자 월가街를 대변하는 하비 George B. Harvey와 의절했다." 브라이언이 좋아할 이런 소식을 하우스가 진작 브라이언에게 전했던 것이다.

과거 윌슨이 정치 두목들과 거대 독점 기업에 대한 반대를 분명히 하자 대부분의 보수파는 등을 돌렸다. 하지만 하비만큼은 변치 않고 윌슨을 지지했다. 아름다운 의리였다. 역설적이게도 그 때문에 브라이언은 윌슨을 의심했다. 하우스는 윌슨에게 경고했다. 하비에게도 뒤로 물러서라는 뜻을 전달했다. 윌슨도 하비를 직접 만나 자신의 뜻을 명확히 했다.

하비는 격분했다. 둘 사이는 이렇게 끝장났다. 윌슨과 하비의 공개 절연, 이 얼마나 브라이언을 기쁘게 하는 소식이었겠는가.

얻는 것이 있으면, 잃는 것도 있는 게 이치다. 윌슨이 입은 상처도 적지 않았다. 윌슨에 반대하는 신문들은 연일 맹공을 퍼부었다. '윌슨의 배은망덕'이라는 제하題下의 기사를 잇달아 게재했다. 보도는 가히 윌슨의 이미지를 차가운 기회주의자로 낙인찍을 만큼 엄청났다. 하우스가 다시 움직였다. 산불 진압에는 맞불이 최고다. 윌슨을 지지하는 신문들을 동원했다. 그들은 하비와 윌슨의 결별은 한 금융인으로부터의 정치 헌금을 윌슨이 거부했기 때문이라는 기사를 실었다. 분위기는 반전했다. 기회주의자에서 원칙주의자로 급변했다. 하비의 공격은 실패하고 말았다. 도리어 민주당의 키를 쥐고 있는 브라이언에게 윌슨이 다가가는 역효과만 낳았다. 하우스가 발휘한 신비한 마법이었다. 허나 하우스가 구축한 윌슨과 브라이언 간의 신뢰가 일으킬 기적은 아직 그 완전한 실체를 드러내지 않고 있었다.

하우스는 민주당 전당대회에 참석하는 텍사스 주의 대의원들을 완벽하게 조직했다. 그러나 전국적 상황은 기대만큼 좋지 못했다. 윌슨에 반대하는 언론들이 계속 윌슨에게 십자포화를 퍼붓고 있었기 때문이었다. 윌슨의 최대 경쟁자인 클라크Champ Clark가 주별 대의원 선거에서 436표를 확보했다. 윌슨은 고작 248표를 획득하는 데 그쳤다. 게다가 클라크를 지원하는 정치 두목들이 확보하고 있는 표도 224표에 달했다. 윌슨이 전국을 누비며 강인한 선거운동을 펼쳤지만, 상황은 거의 절망적이었다.

1912년 6월 25일, 민주당 전당대회가 볼티모어에서 열렸다. 전당대회의 첫 번째 갈등은 전당대회 의장 선출 건이었다. 보수파는 자파의 인물을 의장에 앉히려 했다. 그러나 브라이언은 이게 마땅찮았다. 보수파의 책동을 제지하기 위해 브라이언이 선택한 방법은 경선 주자들을 압박하는 것이었다. 그러나 윌슨만 조건 없이 브라이언을 지지했다. 브라이언이 공개 지지를 선언했던 클라크는 오히려 당의 화합이란 미명 아래 우물쭈물했다. 결국 보수파 인물이 의장으로 선출됐다. 브라이언이 자존심을 구겼다. '상처받은 마음은 치유하기 어렵다.' 괴테의 말이다. '티끌 하나에도 마음의 눈은 아프다.' 셰익스피어의 말이다. 마음이 상한 브라이언이 과연 끝까지 클라크를 지지했을까?

첫 번째 투표 결과 클라크가 선두였다. 허나 2/3(724표)에는 미달이었다. 13차 투표까지 클라크가 계속 부동의 1위를 지켰지만, 2/3를 차지하는 데 실패했다. 한계점을 넘어서야 할 때 시간이 지체되면 변화는 불가피하다. 불신이 퍼지고, 그만하면 지지할 만큼 했다는 생각에 부채 의식이 사라지게 된다. 이런 순간에 판을 요동치게 하는 변수가 돌출하는 법이다. 13차 투표까지 클라크를 지지했던 브라이언이 돌연 태도를 바꿨다. 마무리를 짓지 못하는 데 따른 회의, 예의 서운함이 겹쳐 발생한 일이었다. 브라이언은 14차 투표에서 윌슨을 지지했다. 윌슨은 기사회생했다. 기막힌 반전이 이뤄졌다. 그 여파로 일부 마이너 후보들이 사퇴하기 시작했다. 윌슨의 승세는 굳어졌다. 마침내 46차 투표에서 윌슨이 후보로 선출됐다. 브라이언이 윌슨 지지로 돌아선 것은 갑작스럽게 일어난 기적이 아니었다. 하우스가 오래전에 심어놓고 애지중지 보살펴온 싹이 비로소 결실을 거둔 것이었다.

하우스의 아이디어가 윌슨에게 가서 현실이 됐다

그러나 사실 윌슨과 하우스의 파트너십은 전당대회를 끝으로 끝나는 것이 순리였다. 전당대회에서 승리가 무망無望해지자 하우스는 너무 낙담했다. 그는 전당대회 와중에 건강을 핑계로 유럽으로 여행을 떠나버렸다. 배신 혹은 포기였다. 똑똑한 참모일수록 예상대로 풀리지 않는 상황을 못 견뎌 한다. 사람이 하는 일에 예측 불가능한 전개는 불가피하다. 도저히 불가능해 보여도 결론이 나기 전에 손을 드는 것은 바보짓이다. 성패를 떠나 끝까지 최선을 다하는 것까지가 인간의 몫이다. 하우스는 넉넉했지만, 악착같지는 않았다. 역시 다 가진 사람은 없는 모양이다. 비유하자면, 여러 방면에 능통한 두루치기는 있어도 다 잘하는 '모두치기'는 없는 것이다. 그러나 어쨌든 이상하게 둘의 우정은 계속됐다.

하우스는 으레 그랬듯이 일절 직책을 맡지 않은 채, 사람들을 다독거리며 선거운동을 총괄했다. 공화당이 분열했기 때문에 윌슨의 승리는 확실했다. 1912년 11월 5일 윌슨이 당선됐다. 일반 투표에서 윌슨의 지지율은 41.56%로 링컨 이래로 가장 낮았다. 하지만 선거인단 투표에서는 435표를 얻어 압승했다. 루스벨트는 88표, 태프트는 8표를 얻었다. 민주당은 의회도 장악했다.

선거 승리 후 윌슨과 하우스 간의 우정은 더욱 깊어졌다. 하우스가 아이디어를 제시하면, 윌슨은 그것을 하나의 주장으로 만들었다. 이를 다시 하우스가 정책으로 구체화하면, 윌슨이 밀어붙였다. 이제 윌슨과 하우스의 우정은 1919년까지 미국과 세계를 움직이는 힘이었다. 두 사람은 미국을 다스리는 공동 통치자였다. 윌슨이 대통령이라면, 하우스는 수상이었다. 윌슨이 선장이라면, 하우스는 조타수였다. 윌슨 취임 후, 하우스는 백악관에 자신의 방을 2개나 두었다. 뉴욕의 하우스 집은 제2의 백악관으로 각광받았다.

16년 만의 정권 교체이니 얼마나 많은 사람이 한자리 얻으려고 혈안이 되었으랴. 너도나도 윌슨에게 로비했다. 내각 인선과 입법 프로그램 때문에 생각할 시간을 가져야 하는 윌슨에게 이런 상황은 지옥이었다. 여행을 떠나버렸다. 그래도 언론이나 구직 희망자들은 계속 아우성이었다. 오직 한 사람만은 달랐다. 하우스는 그 어떤 부탁도 하지 않았다. 조용히 대통령 당선자에게 필요한 자료를 모아, 편지로 전달했다. 그 속에는 내각 인선 후보들과 일반적인 정치 상황, 윌슨이 특별히 관심을 가져야 할 문제 등이 들어 있었다.

훌륭한 예절과 부드러운 언사는 많은 어려움을 덜어준다. 하우스는 편지 말미에 꼭 한마디 덧붙였다. "제게 시킬 게 따로 없으면 번거롭게 답장을 하지 않아도 됩니다." 비례非禮라 할 수 있는 과공過恭인가, 아니면 살인도 면하게 한다는 겸양인가. 뭐가 됐든 극도로 우쭐해 있을 보스의 마음을 매만지는 테크닉만큼은 결코 간단치 않아 보인다. 하우스는 고개를 숙일 때와 들 때, 강하게 밀어붙일 때와 조용히 부복할 때, 물러날 때와 나아갈 때를 가리는 분별지分別智를 갖고 있었다. 그는 또 '사심 없는 조언자'란 스탠스stance를 시종일관 유지했다.

윌슨은 하우스에게 어떤 장관직도 좋다며 선택하라고 했다. 하우스는 정중히 거절했다. 그는 장관직을 맡음으로써 그 업무에 관련된 조언에 스스로의 역할을 국한시키고 싶지 않았다. 그는 모든 문제에 대해 자유롭게 조언하고 싶었다. 그가 원한 힘은 대통령에 대한 개인적인 영향력을 유지하는 것이었다. 하우스는 공직을 사양함으로써 그 어떤 정치적 야심도 없음을 보여주고, 그럼으로써 자신의 영향력을 유지하는 길을 선택한 것이다. 이처럼 덤덤한 듯 담백한 처세는 그리 쉽지 않은 것이다. 양보, 사양, 절제의 덕목을 갖춘 참모를 보스라면 좋아할 수밖에 없다. 윌슨은 하우스를 자신 곁으로 더욱 끌어당겼다.

여행에서 돌아온 윌슨은 수시로 하우스의 집을 방문했다. 윌슨이 역에 도착하면, 하우스가 차로 마중을 나와 있었다. 둘은 함께 식사도 하고, 함께 길거리도 산책하고, 함께 영화도 보러 다녔다. 마치 이제 막 사랑에 빠져 새록새록 다감한 마음을 나누는 다정한 연인 같았다. 둘은 많은 이야기를 나눴다. 윌슨이 자신의 희망과 철학을 이야기하면, 하우스는 뜻대로 될 것이라고 격려했다. 윌슨의 표현대로, 하우스에게 이야기하는 것은 자신의 영혼과 대화를 나누는 것과 같았다. 역시 칭찬은 두려움을 없애주는 각성제다. 격려는 외로움을 잊게 해주는 항생제다. 윌슨은 하우스의 격려와 조언 속에서 확신과 용기를 얻었다.

윌슨 행정부는 소수파 정권이었다. 무슨 일을 하

든지 토대를 다지는 게 급선무다. 윌슨의 통치 기반 조성을 위해 하우스는 먼저 재계의 불안감을 해소하는 데 나섰다. 자본주의 사회에서 재계의 협조 없이 정부가 성공하는 것은 불가능하다는 것이 그의 지론이었다. 이 점을 윌슨에게도 설득했다. 재계의 핵심 인사들과 만나 시어도어 루스벨트 전前 대통령처럼 재계를 매질하지 않을 것임을 분명히 했다. 하지만 동시에 금융 개혁이 필요하다는 점만큼은 확실하게 주지시켰다. 재계는 안도했다. 그 이후에도 하우스는 대통령과 재계를 연결하는 중재자였다.

인사가 만사다. 인사가 메시지다. 하우스가 윌슨에게 내각 명단을 제안했다. 윌슨은 대부분 받아들였다. 10명의 장관 중 7명이 하우스가 추천한 사람이었다. 특히 브라이언을 국무장관으로 임명하자고 고집스레 주장해 관철했다. 하우스의 논리는 의회에서 개혁 법안을 통과시키려면 많은 의원 추종자를 거느린 브라이언이 절대적으로 필요하다는 것이었다. 사람이 꾸려지면, 그다음은 운영 즉 시스템이다. 하우스는 행정부의 원활한 운영을 위해 주 1회 이상 내각 미팅을 정례화하는 방안을 윌슨에게 권고했다.

윌슨 정부의 그림자 수상, 하우스

길을 가다 누군가 앞에서 알짱거리면 영 거추장스럽다. 짜증 나기 마련이다. 모임에서 내 옆 사람만 쳐다보며 이야기하면 영 머쓱하다. 서운하기 마련이다. 이런 정리情理를 하우스는 잘 알고 있었다. 하우스가 많은 영향력을 발휘한다는 사실이 조금씩 알려지기 시작했다. 언론이 호들갑을 떨었다. 온갖 루머와 소설이 난무했다. 직접 나서서 해명할 만도 한데, 하우스는 결코 나서지 않았다. 언론 인터뷰도 모두 사절했다. 바람은 지나간다. '비부악bivouac'의 자세로 지내는 것이 좋다. 그는 '신비의 인물'로 비쳐졌다. 그는 마른 낙엽 위를 걸으면서도 바스락거리는 소리를 내지 않을 사람이었다. 윌슨이 말했다. "내가 하우스를 좋아하는 이유는 그 누구보다도 남 앞에 나서기를 꺼린다는 데에 있다."

윌슨에게 도움을 줄 수 있는 사람으로 치자면 국무장관 브라이언이 하우스보다 나았다. 임의롭기로 치자면 사위 매커두William McAdoo가 더 가까웠다. 하지만 윌슨의 분신은 하우스였다. 왜 그랬을까? 윌슨에게는 열등의식이 있었다. 아홉 살이 되어서야 철

자를 쓸 줄 알았다. 열한 살이 돼서야 읽는 걸 깨달았다. 항상 부족하고, 모자란다는 생각에 눌려 살았다. 때문에 칭찬에 약했다. 누구에게서든 자신이 옳은 일을 한다는 확신을 얻고 싶어했다. 다른 사람의 헌신적 봉사를 바랬다. 하우스는 이런 윌슨을 다룰 줄 알았다. 언제나 다독거리고, 한없이 베풀기만 했다. 하우스는 결코 윌슨의 자존심을 건드리면서까지 논쟁하지 않았다. 항상 잘한다고 말해줬다. 용기를 주고, 격려의 말을 아끼지 않았다. 뭔가를 요구하기는커녕 주려고만 했다. 여기에 하우스가 윌슨의 전폭적인 신뢰를 얻은 숨은 이유가 있었다.

윌슨은 하우스에게 이렇게 고백했다.

"당신은 내가 모든 문제를 상의하는 유일한 사람이네. 내가 이것저것 한 가지씩 상의하는 사람은 더러 있어. 하지만 내 맘속에 있는 모든 것을 얘기하는 사람은 당신 하나뿐이지."

하우스는 정부의 그림자 수상으로 움직였다. 정부 부처들은 끊임없이 그에게 의견을 구했다. 그의 영향이 미치지 않은 부처는 없었다. 정치인들은 떼를 지어 그에게 몰려들었다. 수많은 개혁가들이 개혁 정책을 갖고 그의 집 문턱이 닳도록 들락거렸다. 타국 주재 대사관의 전문은 그를 거쳐 윌슨에게 보고됐다. 그는 윌슨을 대신해 인사 추천, 검증, 통보의 역할도 떠맡았다. 파나마 운하 통관세를 놓고 영국과 갈등이 불거졌다. 하우스는 영국의 주장을 과감하게 수용하자고 했다. 8년 동안 지켜온 정부 정책 기조와 민주당의 강령을 변경해 영국이 통관세를 내지 않도록 했다. 그의 힘은 가히 무소불위였다.

불신의 싹은 일단 트기만 하면 순식간에 아름드리가 된다. 일단 싹이 트면 이미 늦다. 아예 씨앗이 뿌려지지 않도록 해야 한다. 하우스는 윌슨이 오해하지 않도록 주의했다. 시기하지 않게끔 경계했다. 자신이 하는 모든 일에 대해 윌슨에게 숨김없이 알렸다. 보스에게 '나도 몰랐다'는 인식을 심어주는 것은 자살행위다. 윌슨에게 사전에 충분히 알린 것이야말로 주위의 이간을 이겨내는 안전판이었다.

1913년 3월 취임하자마자 윌슨과 하우스는 곧바로 개혁 드라이브를 시작했다. 사실 어느 시대든 무엇을 개혁해야 하는지는 널리 알려져 있기 마련이다. 문제는 어떤 것을 선택하고, 어떻게 우선순위를 정할 것이냐에 개혁의 어려움이 있다. 관세 개혁, 연방준비제도와 연방통상위원회 설립 등을 우선 추진하기로 했다.

4월 7일 윌슨은 의회의 특별 회기를 요청했다. 이 특별 회기는 다음 해 10월까지 이어졌다. 이는 역사상 가장 긴 회기였다. 하원에서 민주당은 거의 2/3에 육박하는 다수당이었다. 상원에서도 51석으로 공화당의 44석보다 많았다. 다음날, 2대 대통령 이래 처음으로 국회에 직접 출석해 관세 개혁 방침을 천명했다. 높은 관세가 세계 자유무역을 방해할 뿐만 아니라 국내의 물가를 높여 대기업의 독점을 조장하고 있었다. 관세 인하 방침은 국민의 높은 지지를 받으면서 10월 '언더우드 관세법Underwood Tariff'으로 입법화됐다. 남북전쟁 이후 최초의 관세 개혁이었다. 음식물과 의복 등 958개 항목에 대한 수입세를 평균 10% 인하했다. 관세 인하로 인한 국가재정 부족은 소득세를 신설해 보충했다. 소득재분배의 첫 시도였다.

다음은 은행 제도 개혁이었다. 당시의 은행 제도는 1863년 남북전쟁의 비용을 조달하기 위해 조급하게 만들어진 것이었다. 약간의 자본금을 출자하고 일정액의 국·공채 모집에 응한 단체는 거의 모두 은행 설립 허가를 받을 수 있었다. 그러한 은행들은 국채의 교환을 통해 은행권을 발행했다. 그 은행권은 금화, 은화, 그리고 약간의 경화硬貨와 더불어 미국 통화의 총량을 구성하고 있었다. 산업이 육성되자 정부가 국채 상환에 나섰다. 그 결과 국채가 감소하면서 은행권의 수도 줄어들었다. 은행권이 국채를 담보로 하고 있었기 때문에 벌어진 현상이었다. 문제는 통화의 수요가 급증하는 시기에 통화가 줄어든 데에 있었다. 디플레이션이 일어났고, 화폐 가치가 올라갔다. 농산물 값이 떨어져 농민들의 불만이 크게 고조됐다. 덕분에 금융 재벌들은 가만히 앉아서 횡재를 했다. 이런 현실을 방치하면 국가적 위험이 온다는 것은 대大금융가들조차도 인정할 정도였다. 이처럼 은행 제도의 개혁은 정부의 오랜 숙제였다.

윌슨과 하우스는 연방준비제도FRB 설립을 추진했다. 보수파는 이미 대금융가들의 감독을 받는 중앙은행 설립안을 제시해놓고 있었다. 브라이언은 연방정부가 화폐의 유통을 감독할 수 있게 하는 내용이 포함돼야 한다고 주장했다. 윌슨은 브라이언의 의견을 수용했다. 반발하는 의회와 재계를 강하게 밀어붙였다. 마침내 1913년 연방준비제도법이 의회를 통과했다. 이 법의 통과는 브라이언과 하우스의 노력 덕에 가능했다. 브라이언은 의회를, 하우스는 재계를 설득했다. 이 법으로 인해 통화와 은행 신용은 더욱 신축성이 있게 됐다. 뉴욕에 집중되어 있던 금융은 지역적으로 분산됐다. 이 법을 가장 환영한 것은 그동안 부채에 시달려온 농민들이었다. 은행 제도 개혁은 국민적 지탄을 받아온 모순을 해결한 획기적 개혁이었다. 잭슨 대통령 이후 처음으로 대통령이 금융시장에 직접 개입한 것이었다. 이로써 혁신주의의 오랜 개혁 염원이 마침내 실현됐다.

말이나 소를 몰거나 부리려고 재갈이나 코뚜레, 굴레에 잡아매는 줄이 고삐다. 지금까지와 다른 길을 가려 할 때는 고삐를 바싹 죄야 한다. 관성 탓에 가던 길을 가려하기 때문이다. 윌슨과 하우스는 선거공약 중에서 가장 중요시했던 어젠다를 다음 과제로 설정했다. 트러스트 규제를 위한 법률 제정이었다. 대기업의 독점을 막고, 불공정한 거래 관행을 금지하는 것이었다. 1914년 9월 연방통상위원회를 설치해 기업의 불공정 행위를 조사·감독하게 했다.

곧이어 미국 산업 시대의 이정표라고 할 수 있는 '클레이턴 독점금지법Clayton Antitrust Act'을 제정했다. 노동계에서 '노동 대헌장'이라고 부를 정도로 획기적인 이 법안은 노동조합에 강력한 권한을 줘 회사와의 단체교섭권을 크게 강화했다.

두 명의 여자로 인해 멈춰 선 개혁 열차

기적소리 높이 칙칙폭폭 달리던 윌슨의 개혁 열차는 '클레이턴 법 역驛'을 지나자 가쁜 숨을 몰아쉬더니 급기야 멈춰 섰다. 윌슨은 여성의 참정권 허용을 거부했다. 악명 높은 흑인 차별법인 '짐 크로 법Jim Crow laws'의 제정을 방치했다. 어린이 노동을 금지하는 법의 제정도 반대했다. 윌슨이 부인 때문에 모든 일에 나 몰라라 했기 때문이었다. 1914년 8월 부인이 끝내 사망했다. 윌슨은 절규했다. "오, 오, 신이시여! 저는 어떻게 해야 됩니까." 다음 해 3월 백악관에서 다과회가 열렸다. 여기서 윌슨은 또 한 명의 여자를 만났다. 정신에도 줏대가 있는 모양이다. 정신의 줏대를 얼이라고 한다. 그녀를 보는 순간 그는 얼이 나가버렸다. 사랑에 빠진 윌슨은 도통 개혁에 무관심했다. 기관사가 첨엔 죽은 부인 때문에, 다음엔 새로 생긴 애인 때문에 넋이 나간 통에 열차는 움직일 생각조차 하지 않았다. 열차에 탑승해 숱한 개혁 역을 지나기로 했던 승객들은 맥이 빠져버렸다.

첫 번째 부인 엘런Ellen Axson Wilson과 사별 후 윌슨은 하우스에게 더 많이 의지했다. 하우스가 윌슨을 부축한다는 말이 딱 어울릴 지경이었다. 이런 상황은 윌슨이 1915년 12월 재혼할 때까지 이어졌다. 엘런은 하우스와 매우 친했다. 하우스에게 재산 관리나 투자 문제도 서슴없이 상의했다. 하지만 두 번째 부인 이디스Edith Bolling Galt는 그에게 적대적이었다. 이디스는 연애 시절부터 윌슨에게 하우스가 '믿을 수 없는 사람'이라고 속살거렸다. 뿐만 아니라 주지사 시절부터 윌슨을 보좌한 측근 투멀티Joseph Tumulty에 대해서도 '너무 평범하다'고 쑤석댔다. 처음엔 윌슨도 귀담아듣지 않았다. 좋게 달랬다.

"당신 말도 어느 정도는 옳아요. 당신은 예리한 통찰력과 냉철한 판단력을 가지고 있소. 생판 모르는 사람에 대한 순간적인 판단이라도 완전히 틀린 것은 아니오. 하우스가 객관적인 시각을 견지해야 하는 순간에 가끔 편협하고 개인적인 시각을 갖는 것은 나에 대한 헌신과 내가 국제정치 무대에서 중요한 역할을 해야 한다는 그의 열렬한 희망 때문이오. 언젠가는 당신도 하우스를 사랑하게 될 거요. 내 사랑하는 작은 비평가, 당신은 이 말을 기억해야 하오. 몸에 좋은 약은 입에는 쓰다는 말이 있잖소."

하우스는 윌슨의 재혼에 반대했다. 다가올 선거에 미칠 악영향이 염려됐다. 그는 재무장관인 매커두, 해군 장관이자 친구인 대니얼스 등과 함께 윌슨의 열애가 초래할 수 있는 정치적 대가에 대해 이야기를 나눴다. 하우스는 윌슨에게 너무 일찍 재혼하지 말라고 경고할 사람으로 매커두를 선택했다. 매커두는 몇 년 전 윌슨이 저지른 외도를 거론했다. 1907년 윌슨은 휴가 중에 어떤 여성과 외도를 했다. 그 이후로도 계속 편지를 주고받았다. 돈을 보내주기도 했다. 매커두는 이 사건을 운운하며 장인의 결혼 계획을 무산시키려 했다. 그는 거짓으로 윌슨에게 그 여인이 윌슨의 애정 행각이 담긴 편지를 언론에 팔아넘기기로 했다고 말했다. 겁을 주려던 것이었다.

의도와 달리 엉뚱한 결과를 낳는 것이 인간사다. 뜻하지 않은 우여곡절, 알 수 없는 속사정이 생기기 마련이기 때문이다. 매커두의 시도는 예상치 못한 결과를 초래했다. 윌슨은 이디스의 집으로 달려갔다. 아주 오래전에 있었던 추잡하고 후회스러운 사건을 털어놓았다. 그런 자신을 더럽고 부끄럽게 생각한다고 참회했다. 진실한 고백은 마음의 빗장을 여는 열쇠다. 그가 바라던 대로 이디스는 약혼을 깨뜨리지 않았다.

"저는 당신 곁에 있을 거예요. 의무 때문도, 동정심 때문도 아니에요. 당신을 사랑하기 때문이에요."

이디스의 집을 나오면서 윌슨은 쾌재를 불렀다.

"오, 당신은 아름다운 인형, 관대하고 아름다운 인형!"

주위의 반대는 되레 사랑의 불길을 활활 타오르게 하는 기름이다. 둘은 더욱 밀착했다. 이들은 결혼 계획을 방해하려는 음모가 있었던 사실까지 알아챘다. 이디스는 하우스에 대해 이를 갈았다. 복수의 그날을 기다렸다. 여인이 한을 품으면 오뉴월에도 서리가 내린다는데….

하우스, 천재적 영감으로 윌슨을 다시 승리하게 만들다

멈춰 선 열차가 기지개를 켜더니 다시 움직일 채비를 했다. 1916년에 있을 재선 때문이었다. 선거를 위해서는 개혁 열차를 다시 달리게 해야 했다. 다음 선거에선 공화당의 분열을 기대할 수 없었다. 결국은 개혁 성과가 관건이었다. 1916년 1월 개혁적인 변호사 브랜다이스Louis Dembitz Brandeis를 대법원 판사에 임명하면서 개혁 열차는 힘차게 달리기 시작했다. 7월 '연방농촌대부법'을 제정해 농민들에게 싼 이자로 5년에서 40년까지 기한부로 융자해줬다. '어린이노동금지법'을 제정해 14세 이하 어린이의 노동을 금지시켰다. '연방 고속도로법'을 제정해 연방이 본격적으로 각 주를 연결하는 고속도로를 건설하게 했다. 이는 연방 정부가 주도해 국내 도로망을 건설하는 것은 헌법에 위배된다는 통념을 깨는 것이었다. 산업재해 보상과 8시간 근무제를 도입했다. '고도의 정치적 수완으로 모든 국민의 대변자가 됐다.' 이런 찬사가 이어졌다. 열차 승객들도 환호했다.

하우스는 1916년 대통령 선거 준비를 총괄 지휘했

다. 전열을 정비한 공화당과의 맞대결이라 접전은 명약관화했다. 이럴 땐 전략과 기획이 판세를 가르는 핵심 요인이다. 하우스는 혁신주의 표와 부동층을 주 공략 대상으로 삼는 선거 전략을 수립했다. 그는 이들 표를 얻을 가능성이 높은 주에 캠페인을 집중했다. 특히 전통적으로 공화당 지지 성향을 보여온 캘리포니아가 승부의 분수령이 될 것으로 보고, 최대한의 힘을 쏟아부었다.

선거일 저녁, 공화당 후보 휴즈Charles Evans Hughes의 승리는 확실해 보였다. 선거인단 개표가 시작됐다. 휴즈가 과반수에 8표 모자라는 254표를 얻자, 대부분의 사람들은 휴즈가 승리한 것으로 믿고 잠자리에 들었다. 어떤 신문들은 아예 휴즈가 승리했다는 호외를 발행하기도 했다. 그러나 노름에서도 문지방을 넘어서 봐야 누가 땄는지 알게 된다는 속설이 있다. 모든 개표를 마쳤을 때 승리는 윌슨의 것이었다. 277대 254로 승리한 것이었다. 예상을 뒤엎고 캘리포니아 주에서 오히려 이긴 것이 원동력이었다. 접전을 예상하고, 전략 지역에 집중한 하우스의 천재적 영감이 낳은 신승이었다.

윌슨은 두 번째 취임식을 거행했다. 그의 곁에는

새로운 조언자가 어깨를 나란히 하고 서 있었다. 이디스였다. 그녀는 하우스를 밀어내고 권력을 독차지하고픈 퍼스트레이디였다. 우리 속담에 사내 못난 것은 대가리만 크고, 계집 못난 것은 젖통만 크다는 말이 있다. 못난 남자 중에서 제일 못난 놈이 여자 때문에 사리 분별 못하는 놈이다. 못난 여자 중에서 제일 못난 년이 질투 때문에 안달복달하는 년이다. 이디스는 질투의 화신이었다. 그녀는 먼저 쉬운 상대부터 겨냥했다. 투멀티와 대니얼스를 내쫓으라고 보챘다. 그러나 윌슨이 서슴거리며 그녀의 주장을 들어주지 않았다. 그녀는 때를 기다렸다. 그녀는 각료 회의를 제외한 모든 미팅에 참석했다. 대통령으로 통하는 접근로를 통제하기 시작했다.

1917년 4월 2일, 미국은 마침내 독일에 대한 전쟁을 선포했다. 지금까지 윌슨과 하우스는 유럽의 긴장을 해소하기 위해 노력해왔다. 하우스는 윌슨 외교정책의 설계자였다. 국제 정세를 예의 주시하고 있던 하우스는 개혁에만 온통 신경을 기울이고 있는 윌슨을 설득했다. 윌슨의 동의 아래 유럽으로 건너갔다. 당시 유럽은 제국주의 열강들이 영토와 이권을 놓고 첨예하게 대립하고 있었다. 독일, 이탈리아,

오스트리아로 이뤄진 동맹과 영국, 프랑스, 러시아로 이뤄진 연합이 팽팽하게 맞서고 있었다. 1912년에 일어난 발칸전쟁은 세계를 일촉즉발의 위기로 몰고 갔다. 하우스가 독일, 프랑스, 영국 등을 돌며 열심히 중재했다. 하지만 전쟁을 막을 수는 없었다. 당시의 유럽 정세에 대해 하우스는 이렇게 썼다.

> "독일이 칼을 갈고 있는지도 모른 채, 프랑스는 혁명에 몰입해 있고, 영국의 런던은 사교계의 행사에 완전히 도취해 있다."

하우스와 윌슨의 '14개조 원칙'

끝내 제1차 세계대전(1914~1918)이 터졌다. 미국은 중립을 지키면서 전쟁 특수를 누렸다. 호황을 구가했다. 연합국의 물품 구입 덕분에 미국의 공업과 농업은 급팽창했다. 임금과 물가가 상승했고, 주가도 치솟았다. 때문에 독일 잠수함의 여객선 공격으로 미국인이 100명이 넘게 죽어도 미국의 중립은 요지

부동이었다.

하지만 1917년 2월 독일이 멕시코에 보낸 '치머만 각서'가 폭로되면서 미국의 태도는 변하기 시작했다. 독일의 외무 장관 치머만Arthur Zimmermann이 멕시코에 문서를 보냈다. "만약 독일이 미국과 전쟁을 하게 될 경우 멕시코가 독일을 지원해준다면 1848년에 미국에게 빼앗겼던 영토를 되찾을 수 있을 것이다." 3월 세 척의 선박이 다시 독일에 의해 격침됐다. 4월에는 러시아혁명이 발발해 러시아가 전선에서 이탈했다. 미국으로서는 참전할 수밖에 없었다. 사실 하우스는 1915년부터 참전을 주장했다. 강화회의를 미국이 주선하고, 독일이 거부할 경우 참전해야 한다고 계속 윌슨을 설득해왔다. 그리고 세계대전 발발 직후부터 참전에 대비한 군비 증강을 촉구했다. 하지만 윌슨은 계속 늑장을 부렸다. 참전 1년 전인 1916년에야 군비 증강에 착수했다.

1918년 1월, 윌슨과 하우스는 전후戰後 평화에 대한 종합 구상을 담은 '14개조 원칙'을 발표했다. 둘이서 함께 토론하며 직접 집필한 문건이었다. 공개 외교, 해양의 자유, 무역 장벽의 해소, 군비축소, 민족자결의 원칙에 따른 국가 간의 국경선 조정, 폴란드의 독립, 국제연맹의 창설 등이 주요 내용이었다. 10월 하우스는 종전 및 평화 협상에 참가하는 미국 대표단을 이끄는 책임자가 됐다. 사상 처음으로 공식 직함을 가지게 된 것이었다. 그러나 하우스가 그토록 경계하던 불신의 싹이 트는 계기이기도 했다.

하우스는 14개 원칙을 유럽이 받아들이게 하는 어려운 임무를 안고 파리로 갔다. 토론하고, 설득하고, 압박하고, 협상했다. 그리고 마침내 14개 원칙에 대한 동의를 이끌어냈다. 영국과 프랑스를 위협해 종전 합의를 도출해냈다. 정말 대단한 성과였다. 11월 마침내 전쟁은 끝났다. 이어 전후 처리를 위한 파리 평화회의가 열렸다.

하우스의 반대를 무릅쓰고, 윌슨은 평화회의를 직접 진두지휘하기로 했다. 중간선거에서 이긴 공화당은 이에 반대했다. 대통령이 해외로 나가 직접 회의에 참석하는 것은 위헌이라고 주장했다. 다음 선거에서의 윌슨 열풍을 차단하려는 대응 조치였다. 하우스의 반대도 이런 염려 때문이었다. 하지만 윌슨은 고집을 꺾지 않았다. 12월 윌슨은 재임 중 미국 땅을 벗어나는 최초의 대통령으로 회의에 참석했다.

평화회의는 다음해 1월 12일부터 시작됐다.

4월 어느 날, 윌슨은 고열에 시달렸다. 건강이 원래 좋지 않던 윌슨이었다. 교수 시절 한쪽 눈의 시력을 잃었다. 평생 편두통을 달고 살았다. 왼쪽 팔다리에 신경염을 앓고 있었다. 같은 달 하순 윌슨이 가벼운 정신 발작을 일으켰다. 파리의 공식 숙소에서 일하는 하인들에게 프랑스 정부의 스파이들이라고 욕했다. 식사 중에는 아무 말이 없었다. 즐거워하다 곧 우울증에 빠지는 등 종잡을 수 없는 감정 변화를 보였다. 때로는 감정을 억제하지 못하고 그대로 분출했다. 영국 수상 로이드 조지David Lloyd George의 면전에다 대고 "당신을 보면 구역질이 난다"라고 내뱉기도 했다. 6월 윌슨은 제1차 세계대전의 종식을 알리는 베르사유조약에 서명했다. 윌슨이 열망한 국제연맹의 창설도 그 속에 포함돼 있었다. 윌슨의 장기 외유는 성과를 거둔 것처럼 보였다. 그러나 본국에서 그를 기다리던 공화당은 대공세를 준비하고 있었다.

참모가 참모의 한계를 벗어나고자 할 때

"깨진 거울은 다시 합치기 어렵고, 떨어진 꽃은 가지에 오르지 못한다破鏡不重圓, 落花難上枝." 하우스와 윌슨의 파경은 소리 없이 찾아왔다. 파리평화회의에서 하우스와 윌슨 간의 우정은 큰소리 한마디 없이 조용히 깨졌다. 회의 초기 하우스는 윌슨으로부터 각국 정상들의 비공개 회담 내용을 상세히 전해 들었다. 국제연맹규약을 공동 집필했다. 윌슨이 불참할 때는 하우스가 그를 대신해 정상회담에도 참석했다. 이처럼 다른 나라 사람들의 눈에 비친 하우스는 윌슨의 분신이었다. 하우스라는 창을 통해서야 세상의 빛이 윌슨에게 통한다고 평할 정도였다.

그런데 왜 둘 사이에 금이 갔을까?

하우스가 윌슨에게 불편한 조언을 하기 시작한 게 원인이었다. 1918년 11월의 중간선거에서 공화당이 이겼다. 따라서 공화당에 입법 이니셔티브initiative를 주는 것이 순리라는 것이 하우스의 입장이었다. 이런 입장을 윌슨에게 전달했다. 그는 공화당이 지배하는 의회와의 관계 개선을 위해 대통령이 상원 외교위원회 소속 의원들과 식사 미팅을 하라고도 권유했다. 국제연맹규약을 일반인에게 공표하기 전에 먼저 의회 지도자들과 상의하라고 건의했다. 그간 하우스는 윌슨이 무슨 말을 하건 어떤 일을 벌이건 격려하고, 지원했다. 물론 가끔 하우스가 반론을 펴기도 했다. 하지만 다독거려주는 따스함을 잊지 않았었다. 그런 그가 이번에는 강하게 압박한 것이다. 그러나 윌슨은 그럴 생각이 추호도 없었다. 항복을 요구하는 공화당이 아니던가. 그들과 타협하라는 것은 강한 도덕적 확신을 가진 윌슨에게는 용납할 수 없는 굴복이었다.

하우스가 처음으로 공식적인 직함을 가진 것도 악영향을 미쳤다. 하우스는 미국의 회의 대표단을 이끄는 커미셔너commissioner였다. 윌슨은 원칙만 고수할 뿐 구체적 협상에는 최소한의 관심도 없었다. 구체적 협상을 진행하는 것도 하우스요, 협상이란 주고받는 거래라는 사실을 아는 것도 하우스였다. 그러다 보니 다른 나라 대표들은 하우스와의 딜deal을 더 선호할 수밖에 없었다. 모든 길이 하우스로 통하는 꼴이었다. 윌슨은 강한 질투를 느꼈다. 합리적 판단은 마비됐다. 이제 하우스는 윌슨의 경쟁 상대였다.

하우스의 이름이 언론에 등장하기 시작한 것도 불신을 조장했다. 하우스가 보기에 윌슨은 언론에 정보를 적절하게 알리지 않고 있었다. 윌슨과 달리 그는 기자들을 거의 매일 만났다. 돌아가는 사정을 알려주었다. 그럴 수밖에 없는 처지였다. 대표단에 속해 있던 하우스의 친구들과 사위가 분위기 파악을 못 하고 너무 나갔다. 언론에다 하우스를 열심히 홍보했다. 언론의 속성 중의 하나가 새로운 스타 만들기다. 기존과 다른 뭔가가 있어야 뉴스이기 때문이다. 언론은 대통령보다 하우스가 더 중요한 역할을 하고 있다는 기사를 실었다. "하우스가 평화 대표단의 브레인이다." "하우스가 오늘 생각해내면, 윌슨이 내일 발표한다." 이 기사들은 윌슨과 그의 아내를 흥분하게 만들었다. 이디스가 하우스에게 기사가 나게 된 경위를 따지면서 해명을 요구할 정도였다.

이디스가 윌슨의 귀를 장악한 것이 결별에 가장 결정적인 원인으로 작용했다. 과거에는 윌슨과 하우스가 서로 이해하면 그만이었다. 이제는 이디스가 하우스의 일거수일투족을 해석하고 비평했다. 윌슨에게 제공되는 새로운 관점은 하우스의 행동을 오해하도록 유도했다. 머리맡에서 살살 만지며 시시콜콜 소곤대면 누구라도 얼쑹얼쑹해지기 마련이다. 그만큼 살을 맞대고 사는 이의 속삭임은 치명적이다. 윌슨이 하우스를 불신하고 멀리하도록 이디스는 곰비임비 재촉했다.

협상 조건에 대한 견해 차이도 적지 않게 악영향을 미쳤다. 하우스의 입장은 양보할 것은 양보하자는 것이었다. 시간을 끌면 끌수록 새로운 문제가 계속 생겨날 것을 우려했다. 때문에 다른 나라의 주장이 옳으면 수용하자고 했다. 하지만 윌슨은 협상가가 아니라 원칙주의자였다. 꺾일지언정 굽히지는 않는 스타일이었다. 특히 이탈리아에 대해 하우스가 타협적이자 윌슨은 격분했다. 하우스가 느끼는 불만도 덩달아 커져갔다. 윌슨은 도대체 협상의 ABC도 모르는 사람이었고, 편견이 가득 찬 사람이었다. 파국은 멀지 않아 보였다. 1919년 6월 29일 베르사유조약이 서명된 다음 날, 둘은 설전을 주고받았다. 예의 따뜻한 격려와 진심 어린 감사는 없었다.

"이곳 파리에서 외국 상대를 대했듯이 의회를 다루시면 일이 잘될 겁니다."

타협하라는 권유였다. 윌슨은 냉소했다.

“이 사람아! 인생에서 싸우지 않고 가치 있는 것을 얻기란 불가능한 법일세.”

하우스도 쏘아붙였다.

“서구 문명은… 합의라는 토대 위에 건설된 것입니다.”

아디오스 아미고Adios amigo. 친구여 안녕! 그것으로 끝이었다. 그날 저녁이 둘 사이의 살아생전 마지막 만남이었다. 그렇게 역사를 움직이고, 세계 정치를 만들었던 우정도, 파트너십도 조용히 사라졌다.

윌슨은 7월 상원에 조약 비준을 요청했다. 공화당은 국제연맹이 주권을 침해한다며 격렬하게 반대했다. 윌슨은 자신의 결정에 대한 자부심이 너무 강했다. 일체의 타협도 거부한 채, 국민에게 직접 호소하기로 했다. 의사의 만류를 뒤로하고 전국 순회 연설에 나섰다. 하지만 9월 말 캔자스 주에서 윌슨은 발작을 일으켰다. 몸의 왼쪽에 일시적인 마비가 왔다. 남은 일정을 취소하고, 급히 백악관으로 돌아갔다. 얼마 뒤 다시 발작을 일으켰다. 왼쪽 몸은 완전히 마비됐다. 시력도 약해졌다. 배뇨 장애까지 겹쳤다.

이디스는 윌슨으로 통하는 모든 길을 폐쇄했다. 일체의 접견도 불허했다. 윌슨의 상태를 철저하게 숨겼다. 부통령이나 각료들에게도 정확한 상태를 알리지 않았다. 그리고 권력을 독점했다. 모든 문서는 그녀를 거쳐야 했고, 모든 지시는 그녀를 통해 나갔다. 이후부터 18개월 동안 이디스는 사실상 대통령이었다. 여성의 참정권조차 부정하던 여성이 역사상 가장 막강한 권력을 휘두른 퍼스트레이디가 된 것이다.

윌슨은 병중에도 조약과 관련된 그 어떤 양보도 허용하지 않았다. 순교자의 길을 자청했다. 불행하게도 그의 곁에는 그를 설득할 하우스가 없었다. 1920년 상원은 베르사유조약 비준을 부결시켰다. 윌슨의 염원은 물거품이 됐다. 4년 뒤 윌슨은 사망했다.

아무리 훌륭한 명분이나 독트린도 유연성을 잃으면 박제된 도그마dogma요 독선일 뿐이다. 윌슨의 독선은 스스로를 망쳤다. 그토록 희구하던 국제연맹도 사산시켰다. 독선과 소신은 백지 한 장 차이라 구분하기 어렵다. 하지만 경계하고 경계할 것이 바로 독선이요 아집이다. 윌슨에게 톨레의 말을 전하고 싶다.

미래에 대한 생각으로
불충분한 자신의 존재가 완벽해지기를 꿈꾸지 말라.

강박관념에 사로잡혀 더 많은 것을 추구하려
할 뿐이다.
불행해지는 방법에는 두 가지가 있다.
원하는 것을 갖지 못하는 것과
원하는 것을 모두 갖는 것이다.

하우스는 대통령을 만든 킹메이커였다. 국정을 주무르고 외교 무대를 주름잡던 계도자mastermind였다. 한 발 뒤로 물러서는 행신과 천부적 감각으로 성공한 참모가 됐다. 하지만 끝에 가서는 한 여자의 질투 때문에 저승길 떠나는 친구의 장례에도 초청받지 못했다. 하지만 그는 먼저 친구를 위해 진심으로 기원했다. "그대, 잘 가라. 그대가 있어 나는 진정 행복했다. 그대, 잘 가라."

하우스의 참모 멘토링mentoring

- 보스는 때로 옹알이, 놀소리하는 갓난아기다. 말로 이해하려 하지 말라. 보스는 때로 노회하고 의뭉스런 노인네다. 그의 말을 곧이곧대로 듣지 말라. 마음으로 감응하라.

- 장대높이뛰기 경기가 있다. 보스의 입장에선 참모는 장대다. 참모를 이용해 높이 뛰는 것이다. 그런데, 참모의 입장에서 보면 보스가 장대다. 그를 이용해 내 꿈을 실현하는 것이다.

- 필연을 믿지 말라. 사람이 하는 일에 반드시 그러한 것은 없다. 우연, 역전, 변형, 지체, 전도顚倒가 얼마든지 존재한다. 건방과 절망을 잊고, 시始에서 종終까지 믿음으로 버티라.

- 보스와 공을 다투지 말라. 보스는 샘바리다. 영광은 보스에게 주고, 질책은 대신 맡겠다는 자세를 가져야 한다. 참모는 'whipping boy(대신 매 맞는 소년)'다.

- 보스와 거래하지 말라. 고생한 만큼 상응한 보상을 요구하는 것은 싸구려 짓이다. 대신 어떠한 경우에도 믿고, 의지하게 하라. 마음이 주主고, 자리는 종從이다.

7

난세를 평정하고 천하 패권 구도를 설계한 능소능대의 명참모

순욱 & 조조

『삼국지』는 걸출한 참모들이 한바탕 지혜를 겨룬 드라마다. 제갈량이 있고, 주유가 있고, 가후가 있었다. 소설『삼국지』의 주인공은 누가 봐도 제갈공명이다. 그러나 실제 제갈공명은 전세를 뒤집지도, 역사의 물꼬를 바꾸지도 못했다. 명과 실이 일치하지 않는다. 그렇다면『삼국지』에서 대세를 결정한 이는 누군가? 순욱과 가후다. 그중에서도 순욱의 삶은 공명 못지않게 아름답다.

『삼국지』 최고의 전략가는 순욱

삼고초려!

조조가 간절히 현사를 찾고 있었다. 태산의 노승이 조조에게 비단 주머니를 하나 주면서 말했다.

"누구든 당신을 지목해 욕을 하는 사람이 있거든, 이 비단 주머니를 열어본 뒤 그를 찾아가십시오."

조조가 허현에 도착했다. 동생 조인이 매일 병사를 거느리고 나가서 도적질을 하며 백성을 괴롭혔다. 사흘이 지나자, 네 대문에 방문榜文이 나붙었다. 그 내용은 이러했다.

"조조가 허현에 이르렀으니, 백성은 재앙을 만났구나."

그 아래에는 이름이 적혀 있었다. '허현 순욱荀彧.' 조조는 이 사실을 알고 화가 치밀었지만 이를 악물고 참았다. 그도 처음에는 곧바로 순욱을 붙잡아오려 했다. 그런데 갑자기 노승의 말이 생각나서 비단 주머니를 열어봤다. 안에는 한 행의 문장이 적혀 있었다.

"허현에 살고 있는 순욱은, 재주가 장자방을 능가하네."

조조는 크게 기뻐하며 조인에게 그를 청해 오라고

명했다. 원래 순욱은 조조가 재주 있는 사람이라는 소문을 듣고 의탁하려는 뜻을 가지고 있었다. 그래서 먼저 넌지시 방문을 한 장 써 붙여 그를 시험해본 것이었다.

순욱은 조인이 자신을 데리러 온 것을 알고 일부러 문을 열지 않았다. 조인이 돌아가 경과를 보고했다. 조조는 친히 나서야 한다는 사실을 깨달았다. 때는 동짓달, 큰 눈이 내렸다. 이를 무릅쓰고 조조가 순욱의 집으로 찾아갔다. 허나 대문에는 자물쇠가 채워져 있었고, 사람이 보이지 않았다.

그다음 날 또 찾아갔다. 집사가 주인은 사냥을 갔다고 했다. 세 번째로 찾아가니 이번에는 순욱이 조상의 묘에 벌초를 하러 갔다고 했다. 조조가 그 묘에까지 예를 갖춰 찾아갔다.

묘지에 도착했다. 스물 몇 살쯤 되어 보이는 한 청년이 한창 『손자병법』을 읽고 있는 모습이 보였다. 조조가 슬며시 그 옆으로 가 섰다. 하지만 순욱은 고개 한 번 들지 않았다. 갑자기 한차례 바람이 불더니, 순욱의 손에 있던 책이 바람에 날려 땅바닥으로 떨어졌다. 조조가 급히 몸을 굽혀 주워 올린 뒤, 공손하게 바치며 말했다.

"순공, 조조가 문안 여쭙니다."

순욱이 말했다.

"저는 보통 백성인데, 선생께서 어찌 문안을 여쭙니까?"

조조가 다시 말했다.

"순공은 자방의 재주와 자아子牙의 지모를 갖추고 있으니, 제가 함께 대사를 도모하려고 모시러 왔습니다."

"당신은 제가 당신을 욕하는 것이 두렵지 않습니까?"

조조가 웃음을 띠며 말했다.

"욕하는 데에 일리가 있다면 많이 욕할수록 좋지요."

순욱은 사양을 하며 발이 아파서 걸을 수가 없다고 했다. 조조가 곧장 앞으로 가서 순욱을 부축해 말에 오르게 했다. 이때부터 순욱은 조조의 모사가 되어 수많은 책략을 내놓았다.

정사正史에는 나오지 않는 이야기다. 민간에 전승되는 설화 중 하나다. 유비와 제갈량의 삼고초려에 비해 전혀 손색이 없다. 오히려 더 멋있다. 이 이야기는 조조(155~220)와 순욱(163~212)의 관계가 유비와 공명의 그것에 비견된다는 것을 말하고 있다. 좋은 참모를 만나려는 조조의 노력 또한 유비를 능가한다. 보스가 될지도 모를 사람을 감히 시험하는 순욱의 배짱도 제갈량을 넘어선다. 이 이야기에서 순욱은 장량(자방)과 강태공(자아)을 합쳐놓은 인물로 묘사돼 있다. 장량이나 강태공은 참모의 시조始祖 격인 사람들이다. 한 나라를 건설한 불세출의 참모들로 한 시대를 풍미한 일세지웅一世之雄이었다. 이 이야기는 순욱이 그런 인물이라는 메시지를 담고 있다.

『삼국지』 하면 떠오르는 이름은 제갈공명(181~234)이다. 적벽대전에서 그려지듯, 공명은 거의 하늘이 내린 신인神人이다. 그는 문자 그대로 호풍환우呼風喚雨, 신출귀몰한 계책으로 유비(161~223)를 도운 명참모다. 하지만 공명은 어쨌든 패자敗者다. 천하를 움켜쥐기에는 역량이 턱없이 모자란 유비를 선택했기에 지감知鑑에도 문제가 있다. 어떤 측면에서도 급이 안 되는 유비를 왕으로 옹립해 시도한 천하삼분지계天下三分之計도 사실 무리였다. 변방 오지에 나라를 세운들 뭘 어떻게 할 수 있었으랴. 결국 유비를 앞세운 천하 통일은 처음부터 억지공사, 초무시리였다. 잘되지 아니할 것을 억지로 하는 일이 억지공사다. 처음부터 이치에 맞지 않는다는 뜻으로 애당초 그럴 수가 없음을 이르는 말이 초무시리初無是理다.

승자만 대우하는 것은 분명 잘못이다. 승자만 역사를 만든 것은 아니다. 패자도 그에 못지않게 역사를 만든 원동력이었다. 그러나 승자에게 인색하고, 패자에게 너그러운 시각은 옳지 않다. 패자라고 홀대하지 말아야 하듯이, 승자라고 괜히 미워해서는 안 된다. 승자와 주류에 대한 대접은 정당해야 한다. 『삼국지』에서 승자는 누가 뭐래도 조조다. 누가 조조를 최후의 승자로 만들었나?

순욱은 조조로부터 '나의 자방이다'라는 소리를 들었다. 참모에게 장자방이란 소리만큼 영광된 것이 또 있으랴. 순욱의 사촌형 순유荀攸(157~214)도 조조의 군사軍師였다. 조조는 그에 대해 "내가 그와 더불어 일을 계획하면 천하에 무슨 근심이 있으리오!"라고 했다. 가후(147~223)는 『삼국지』의 시작에서부터 끝까지 출연하는 천재 전략가였다. 주군을 자주 바꿔 지조가 없다는 소리를 듣긴 하지만, 역량이 탁월했던 것만큼은 사실이다. 그러나 어쨌든 주군이 여러 명이었다는 것이 흠은 아니더라도 자랑도 아니다. 가후를 평가할 때 거슬리는 점이다.

순욱과 순유, 그리고 가후가 조조의 막하에서 가

장 탁월했다. 정사 『삼국지』의 저자 진수陳壽도 이들을 한데 묶어 이렇게 평했다.

> "순욱은 인품이 청아하고, 수려하며, 학식이 통달하고 아정雅正하여 왕을 보필할 수 있는 풍모를 지니고 있었다. 그는 기민하게 헤아리고 먼저 식별하는 능력은 있었으나, 그의 뜻을 충분히 살리지는 못했다. 순유와 가후는 거의 잘못된 계획을 세우는 적이 없었다. 이 두 사람은 권모에 빈틈이 없었고, 변화에 따르는 융통성이 있었다. 장량과 진평陳平에 버금간다고 할 수 있다."

곽가郭嘉(170~207)는 또 누구인가. 조조가 참모들에게 책사를 추천해달라고 했다. 이에 순욱이 곽가를 추천했다. 조조는 곽가를 높이 평가했다. "나로 하여금 큰일을 이룰 수 있게 할 사람은 바로 이 사람이구나." 조조는 오직 곽가만이 자신의 뜻을 정확하게 안다고 할 정도로 곽가는 발군이었다. 그러나 그는 37세의 나이에 요절했다. 그러다 보니 활동 기간이 너무 짧았다. 정욱程昱은 또 어떤가. 정욱도 순욱의 천거로 조조 휘하에 들어왔다. 정욱은 일찍이 유비의 가능성을 보고, 조조에게 죽이라고 간언하기도 했다. 유방을 죽이라는 범증의 권유를 듣지 않아 결국 항우가 패한 것으로 생각한 것일 게다. 허나 그 역시 40여 세에 요절해버렸다.

조조 진영의 참모들을 보면 가히 난형난제, 막상막하라 하지 않을 수 없다. 일본식 표현으로 기라성綺羅星이란 말이 있고, 영어로는 판테온pantheon이 있다. 이들을 두고 하는 말이다. 이처럼 막강한 참모진을 품을 수 있는 조조의 그릇 크기도 대단한 것이다. 참모가 물이라면 지도자는 그릇이다. 그릇이 커야 많은 물을 담을 수 있다. 조조는 『삼국지』에서 가장 큰 그릇이었다.

한 명 한 명 둘째가라면 서러워할 참모진의 맏형이 순욱이었다. 그는 울멍줄멍 박신거리는 참모들을 잘 이끌었다. 사마광은 그를 어짊에서 관중보다 낫다고 했다. 소동파蘇東坡도 순욱의 도道가 백이와 비슷하다고 기렸다. 순유, 곽가, 정욱 등도 모두 순욱이 추천한 인사들이었다. 보스에게 능력 있는 사람을 천거하는 것이야말로 인격이 뒷받침되지 않으면 불가능한 일이다. 순욱은 총애를 독점하지도, 파당을 만들지도 않았다. 그에게는 덕이 있었다. 전투는 계책으로 하지만 전쟁은 경륜으로 한다. 장량처럼 전체

구도를 운영한 전략가는 순유, 가후가 아니라 순욱이었다. 그런 점에서 조조 휘하에서 가장 주목해야 할 인물은 순욱이다.

천하 패자의 조건은 세勢·법法·술術

순욱은 163년 예주 영천 땅의 영음에서 태어났다. 자는 문약文若이다. 영천 지역은 허현 바로 옆에 있는 곳이다. 낙양에 매우 가까웠다. 순욱은 명문가의 자손이었다. 그의 조부 순숙荀淑은 한나라 순제에서 환제 치세에 이르는 기간에 이름을 떨쳤다. 순숙은 자식이 여덟 명이었는데 팔룡八龍이라고 일컬어졌다. 그중에서도 둘째 곤緄과 여섯째 상爽이 특히 뛰어났다. 곤은 봉국封國 제남의 행정 장관을 지냈다. 상은 삼공의 하나인 사공司空에까지 올랐다. 곤의 아들이 순욱이다.

순욱은 어려서부터 그 재주가 뛰어났다. 사람들은 그를 왕좌지재王佐之才라고 불렀다. 189년 효렴孝廉에 천거돼 수궁령의 벼슬을 지냈다. 이어 동탁이 그를 항보현의 수령으로 삼았다. 그러나 그는 동탁을 인정할 수 없었다. 벼슬을 버리고 고향으로 돌아갔다.

고향으로 돌아간 그는 마을 어른들을 모아놓고 이렇게 말했다.

"영천은 사방이 싸우기 좋은 땅입니다. 천하에 변란이 있으면 이곳은 항상 군대가 충돌하는 곳입니다. 따라서 이곳을 빨리 떠나는 것이 좋습니다. 오래 머물지 마십시오."

어떤 일이 일어나기 전에 미리 앞을 내다보고 아는 사람을 선견자先見者라고 한다. 순욱이 바로 그 선견자였다. 대소 정세를 꿰뚫고 있기에 가능한 선견지명이었다. 하지만 어디 고향을 떠나기가 쉬운 일인가. 대부분의 마을 사람들은 설마 하며 움직이려 들지 않았다. 순욱 본인은 기주로 옮겨가려 했다. 기주목 한복은 순욱과 같은 군 출신이었다. 그가 기병대를 보내 그들을 영접하려 했다. 순욱이 자기 일족을 이끌고 기주에 당도했다. 하지만 이미 기주의 주인은 한복이 아니라 원소袁紹(?~202)로 바뀌어 있었다.

다행히 원소도 순욱의 이름을 들어 익히 알고 있던

터였다. 순욱을 상빈의 예로 맞아들였다. 순욱의 동생 순심荀諶 등도 모두 원소에게 발탁됐다. 헌데, 피난을 거부한 영천 사람들은 어떻게 됐을까. 그들은 고집부린 대가를 호되게 치러야 했다. 순욱 일가가 기주로 옮기고 오래지 않아 영천 땅은 동탁이 보낸 이각군에 의해 초토화됐다. 무자비한 노략질을 당해 많은 사람이 재물과 목숨을 잃었다.

헌 짚신도 짝이 있다고 했다. 남녀 간에 연분이 있듯이, 참모와 보스 간에도 인연이 따로 있다. 죽과 장이 맞아야 하는 것처럼 참모와 보스도 서로 맞아야 한다. 천생연분에 보리 개떡이라, 힘들어도 짝이 있어야 살 만한 것이다. 좋은 사람은 나를 이해해주는 사람이다. 김재진의 시, 〈너를 만나고 싶다〉가 이런 마음을 묘사하고 있다. 시인은 'see in'하는 사람이라는 엉뚱한 비유가 그리 틀린 것은 아닌 것 같다.

나를 이해하는 사람을 만나고 싶다.
사소한 습관이나 잦은 실수,
쉬 다치기 쉬운 내 자존심을 용납하는
그런 사람을 만나고 싶다.
직설적으로 내뱉고선 이내 후회하는

내 급한 성격을 받아들이는
그런 사람과 만나고 싶다.
스스로 그어둔 금 속에 고정된 채
시멘트처럼 굳었거나 대리석처럼 반들거리며
한 치도 물러서지 않는 사람들 헤치고
너를 만나고 싶다.
입꼬리 말려 올라가는 미소 하나로
모든 걸 녹여버리는
그런 사람.
가뭇한 기억 더듬어 너를 찾는다.
스치던 손가락의 감촉은 어디 갔나.
다친 시간을 어루만지는
밝고 따사롭던 그 햇살.
이제 너를 만나고 싶다.
막무가내의 고집과 시퍼런 질투,
때로 타오르는 증오에 불길처럼 이글거리는
내 못된 인간을 용납하는 사람,
덫에 치여 비틀거리거나
어린아이처럼 꺼이꺼이 울기도 하는
내 어리석음 그윽하게 바라보는
그런 사람을 만나고 싶다.
내 살아가는 방식을 송두리째 이해하는
너를 만나고 싶다.

순욱은 원소와 맞지 않았다. 원소의 잘난 척하는 꼬락서니가 싫었다. 1년 정도 지내면서 그의 인물됨을 헤아려봤지만 큰일을 도모할 기우氣宇도 아니었다. 아닌 건 아닌 것이다. 아닌데 뭐하러 뭉그적대나. 191년, 그의 나이 스물아홉일 때 제 발로 조조를 찾아갔다. 조조는 매우 기뻐했다. 순욱을 장량에 비유하며 맞아들였다. 그는 사마司馬가 됐다. 호위병을 통솔하며 궁문을 지키는 자리였다.

순욱이 조조를 도와 활약한 시절을 흔히 삼국시대라고 한다. 이 말은 반만 맞는 말이다. 시기를 정확하게 따져보면, 순욱이 주로 활동한 시기는 위·촉·오 삼국이 건국·정립하기 이전이었다. 소설 『삼국지』의 역사 무대는 한나라 왕조가 힘을 잃으면서 난세에 빠지는 시점부터 삼국시대를 거쳐 진晉나라가 중국을 통일할 때까지의 약 100년간이다. 그 시작은 황건적이 난을 일으킨 184년이다. 그 끝은 진나라가 통일을 이루는 280년이다. 허나 소설 『삼국지』는 제갈량이 죽은 234년에 사실상 끝난다. 순욱이 맹활약한 기간은 191년부터 조조가 사실상 천하를 제패하는 200년 관도官渡 대전을 거쳐 208년 조조가 승상에 오르는 시점까지다. 그는 삼국시대가 정식으로 열리기 전인 212년에 죽었다. 삼국 시대는 220년 위, 221년 촉, 229년 오나라가 성립되면서 열려 263년 촉, 280년 오가 멸망함으로써 닫혔다.

조조는 원소와 싸운 관도 대전에서 승리하면서 사실상 천하의 패권을 장악했다. 그 이후의 세력 쟁패와 삼국정립은 엄밀히 말하면 천하의 주인을 가리는 싸움이 아니었다. 천하의 주인 조조에게 유비와 손권이 기를 쓰고 대드는 정도였다. 경합이나 각축이 아니라 도전이었다. 대항 세력은 한 번도 조조를 제대로 위협하지 못했다. 적벽대전도 중국의 통일을 지체시켰을 뿐 '조조 천하'를 깨뜨리지는 못했다. 삼국시대 개막 이전에 조조를 천하의 패자覇者로 만든 장본인이 순욱이다. 순욱이 세팅한 '조조 천하'는 이후 그 누구에 의해서도 근본적으로 흔들리지 않았다. 그렇다면 『삼국지』에서 순욱이 단연 최고 아닌가.

순욱이 조조를 만난 그 즈음엔 동탁이 정권을 장악하고 있었다. 동탁이 정권을 잡은 지 1년이 지나자 그의 독재에 항거하는 세력이 떨쳐 일어났다. 원소를 맹주로 하는 동탁 토벌군이 형성됐다. 토벌군 안에서 원소, 조조, 원술, 공손찬 등 군벌들이 서로 기반을 넓히느라 쟁탈했다. 원소는 기주목이 됐다. 조조는 동군東郡 태수가 됐다.

조조가 순욱에게 향후 행보에 대해 물었다.

> "동탁의 포학함이 이토록 심하여 반드시 환란으로써 목숨을 잃을 것이니 그를 치기 위해 힘을 쓸 필요가 없습니다."

순욱의 예견대로 머지않아 동탁이 비명횡사했다. 사도 왕윤이 여포 등의 도움을 받아 동탁을 모살한 것이었다. 조조의 참모들은 당장 장안으로 쳐들어가자고 주장했다. 장안은 동탁이 새로 정한 수도였다. 겉으로는 조정 대신들이 대권을 되찾은 듯했으나, 실제로는 군사를 이끌고 있는 여포가 실세였다. 그냥 좌시하면 여포가 제2의 동탁이 될 것이라는 논리였다.

하지만 순욱은 반대했다. 논리 정연한 그의 분석이다.

> "주공께선 아직 움직이시면 아니 됩니다. 비록 여포가 시랑豺狼 같은 무리라고 하나 천자가 그 손안에 있습니다. 또 지금 대국을 주재하고 있는 것이 사도

왕윤인 이상 아직도 대의명분은 그쪽에 있습니다. 섣불리 건드렸다간 오히려 왕윤에 항거하는 역적으로 몰릴 염려가 있습니다. 거기다가 또 하나 미덥지 못한 것은 동탁의 잔당입니다. 동탁은 죽었으나, 그가 거느린 병마는 아직 고스란히 보존돼 있습니다. 반드시 뒤탈이 있을 것입니다. 더욱이 왕윤은 채옹을 죽이고, 동탁의 네 장수에게 끝까지 사면을 허락하지 않았습니다. 누가 칼을 손에 쥐고서 잡혀 죽기를 기다리겠습니까? 주공께서는 당분간 이곳에서 병마를 쉬게 하시면서 형세의 변화를 보아 거기에 대처하는 게 옳을 것입니다."

춘추전국시대 백가쟁명百家爭鳴한 모든 학파의 주장은 세勢, 법法, 술術로 요약할 수 있다고 한다. 한비자韓非子의 말이다. 세는 세력이요 권력이다. 법은 국법이고 명분이다. 술은 기술, 권모술수다. 세, 법, 술을 다 갖춰야만 명실 공히 천하를 움켜쥔다고 한다. 때문에 참모라면 마땅히 세, 법, 술의 경우를 잘 따져야 한다.

순욱의 논리는 세, 법, 술의 측면에서 보더라도 날카롭기 그지없다. 순욱은 외견상 천자와 문신이 대권을 장악하고 있어 대의명분은 그쪽에 있다고 명쾌하게 지적했다. 법이다. 조조의 힘이 동탁의 잔당이나 여포를 확실하게 제압할 정도가 아니라고 판단했다. 세다. 술은 뭔가. 그들끼리 엉겨붙어 싸울 게 빤하므로 부산떨지 말고 지켜보자고 했다. 참는 것도 기술이요, 관망도 술수다.

순욱, 조조를 천하의 패자로 밀어 올리다

사태의 진전이 순욱의 말에 꼭 들어맞았다. 동탁의 잔당인 이각과 곽사가 10만 병력을 이끌고 장안으로 진격했다. 여포는 패해 도망갔다. 왕윤은 죽임을 당했다. 이 · 곽이 참모 가후의 진언에 따라 백성을 위무하는 정책을 펼치니 차츰 정권이 안정돼갔다. 일각一刻이 여삼추如三秋라 조조의 갑갑증은 반비례로 더해만 갔다. 이런 와중에 황건적이 청주를 휩쓸었다. 조조가 태수로 있는 동군과 청주는 3백 리 정도 떨어진 거리였다. 황건적의 일부와 동군의 변경 관병들이 자잘한 충돌을 벌이기 시작했다.

조조는 이 · 곽을 치든, 황건적을 치든 군사를 일으켜야 한다고 생각했다. 어느 쪽을 먼저 치는 게 좋을지 순욱에게 물었다. 순욱이 대답했다. "당연히 먼저 쳐야 할 대상은 황건적이나, 그조차도 아직은 때가 아닙니다." 좀 더 사태를 지켜보자는 권유였다. 이유를 제시했다. 우선 황건적의 무리가 떨쳐 일어난 지 얼마 되지 않아 자못 그 예기銳氣가 날카롭다는 점을 지적했다. 둘째로, 청주와 동군 사이에 있는 연주목 유대와 제북의 상 포신이 힘을 합쳐 길을 막고 있다는 점을 들었다. 이들이 먼저 황건적의 기세를 좀 무디게 한 뒤에 나서서 제압하자는 것이 요지였다. 이것이 병법 36계 중 4계 이일대로以逸待勞다. 아니나 다를까. 연주목 유대가 황건적과 싸우다가 패했다.

제북상 포신과 연주군의 관료들이 조조를 찾아왔다. 연주목을 맡아달라고 간청했다. 천하 13개 주州 가운데 하나인 연주州가 굴러들어온 것이었다. 조조는 자신을 연주목에 임명하는 황제의 조서도 청해 받아냈다. 그러고는 황건적의 토벌에 나섰다. 포신이 전사하는 등 어려움을 겪었지만 조조는 황건적을 격퇴했다. 황건의 무리는 대거 항복했다. 항복한 자 중에서 젊고 날랜 자를 뽑아 군사로 육성했다. 이들이 이른바 청주병靑州兵으로 이후 조조의 정예군이 됐다. 192년의 일이다.

조조는 일약 천하를 다투는 주역major actor으로 부상했다. 그가 군벌다운 기반과 세력을 갖추게 된 것은 이처럼 순욱의 전략적 조언 덕택이었다. 엄벙덤벙 서둘러 황건적과 맞붙었다면 신세만 옹색해졌을 것이다. 이제 필요한 것은 사람이었다. 순욱은 정욱과 곽가를 천거했다. 정욱은 동군 동아현 사람으로, 자는 중덕仲德이었다. 키가 여덟 자 세 치에 수염이 아름다웠다. 곽가는 영천군 양적현 출신으로, 자는 봉효奉孝다. 순욱과 같은 군 출신이다. 그도 처음엔 원소 진영에 있었다. 그러나 원소의 인물됨에 실망해 그의 곁을 떠났다. 떠나면서 그는 주위 사람들에게 이런 충고를 남겼다.

"무릇 지혜로운 자는 주인을 찾는 데 깊이 헤아려야 하니, 그래야만 틀림없이 공명을 이룩할 수가 있소. 원소는 헛되이 주나라의 주공을 본받으려 하나 아직 사람을 쓸 줄 모르는 것 같소. 일을 많이 벌이나 요령이 적고, 지모를 좋아하나 결단성이 없소이다. 함께 천하의 큰 어지러움을 가라앉히고 패왕의 업적을 이룩하기는 어려울 것 같소."

194년, 조조가 서주의 도겸 정벌에 나섰다. 연전에 식량 부족으로 철군한 바 있는 서주 평정이었다. 순욱은 남아서 본거지인 견성현을 지켰다. 이 기회를 틈타 장막과 진궁이 역심을 품고 몰래 여포를 맞아들이려 했다. 여포가 연주에 도착했다. 장막은 순욱에게 여포가 조조를 돕기 위해 왔다고 둘러댔다. 눈 가리고 아웅이라 견성 성내는 술렁거렸다. 위기였다. 순욱은 동군태수 하후돈에게 급보를 보냈다.

상황은 계속 안 좋게 흘러갔다. 연주의 여러 성이 여포에게 호응했다. 또 대부분의 병력은 조조를 따라 도겸을 공격하는 데 나선 터라 남은 병사가 너무 적었다. 더구나 병사를 감독하는 장수와 상급 관리들 상당수가 진궁과 내통하고 모략에 가담한 형편이었다. 긴박한 상황, 하후돈이 급하게 달려왔다. 하후돈은 그날 밤으로 견성 내에서 반란에 공모했던 수십 명을 처형했다. 견성에선 사태가 수습되고 평정이 회복됐다.

겨우 한숨 돌리는가 싶었는데, 새로운 사태가 발생했다. 예주목 곽공이 병사 수만 명을 이끌고 와 성 아래에서 순욱에게 면담을 요청했다. 이미 여포와 공모했다는 소문도 나돌던 그였다. 성내 사람들은 온통 두려움에 떨어야 했다. 순욱은 면담 요청에 응하려 했다. 하후돈은 위험하다고 말렸다. 순욱은 사태를 정확하게 추론하고 있었다.

"곽공이 본래부터 장막과 결탁한 것은 아닐 것이오. 지금 이렇게 빨리 왔다는 것은 그들이 아직 마음을 결정하지 못했기 때문이오. 지금 만나서 설득하면 그들을 우리 편으로 만들지는 못해도 적어도 중립은 지키게 할 수 있을 것이오. 처음부터 우리가 의심하는 기색을 보이면, 그들은 노해서 적의 편에 설 것이오."

순욱이 곽공 앞에 나타났다. 곽공이 들은 귀 소문과 달리 평온한 얼굴이었다. 귀 소문보다야 눈 소문, 귀 장사보다 눈 장사 아니던가. 직접 눈으로 보고 나니 곽공은 오히려 긴가민가해졌다. 관청에 잡아놓은 촌닭처럼 어리둥절했다. 예상과 다른 모습을 보고 나면 불안감이 확 엄습하기 마련이다. 애당초 견성이 쉽게 공략할 수 있는 곳도 아니다. 또 공략 중에 조조가 돌아오면 큰일 아닌가. 이런 생각이 들자 그는 모험을 하기가 두려워졌다. 군대를 이끌고 떠났다. 이것으로 견성의 안전은 확보됐다. 하지만 연주의 위기는 그대로였다. 많은 성들이 여포에게 협조하고 있었기 때문이다. 남은 우리 편이라도 단단히 챙기는 게 급선무였다. 여포에게 아직 항복하지 않은 범현과 동아현의 민심 안정이 급했다. 순욱은 정욱을 파견했다. 그가 정욱에게 설명했다.

"지금 연주가 모반하려 하는데, 모반하지 않은 곳은 오직 견성현, 범현, 동아현뿐이오. 진궁 등이 중무장한 병사를 이끌고 이들 세 곳에 다다르려고 하고 있소. 이들 지역을 굳게 지키려는 의지를 다져놓지 않으면 민심은 반드시 동요할 것이오. 그대는 백성의 희망이오. 가서 그들을 설득해주시오."

정욱은 민심을 잘 추슬렀다. 순욱은 세 곳을 굳건히 지키면서 조조가 돌아올 때를 기다렸다. 마침내 조조가 서주에서 돌아와 여포를 공격했다. 여포는 동쪽으로 달아났다. 그냥 좋다거나, 막연히 잘해나갈 것이라 생각하는 것은 신뢰가 아니다. 신뢰는 내가 없어도 어떤 어려움을 헤쳐나갈 수 있다고 믿는 것이다. 특히 지팡이를 짚었던 근거지를 맡긴다는 것은 보통의 신뢰로는 불가능하다. 저 자신만큼 믿어야 가능한 것이다. 조조가 순욱에게 그 일을 맡겼다. 순욱은 두둑한 배짱과 날카로운 판단력으로 위기를 극복해냈다. 조조는 신뢰했고, 순욱은 보답했다. 역시 무슨 일이든 사람을 믿는 데서 시작하고, 끝나는 것이다.

순욱, 천자 옹위론을 제시하다

195년 조조는 서주를 다시 공격하려 했다. 참모 순욱은 정면으로 반대했다. 정사 『삼국지』가 전하는 내용이다. 순욱의 예지가 얼마나 뛰어난지, 그의 시야가 얼마나 넓은지 잘 알 수 있다.

> "옛날 고조(유방)께서는 어려움 가운데서도 관중을 지키셨고, 광무제께서는 하내를 근거지로 중히 여기셨습니다. 모두 뿌리를 깊이 하고 바탕을 굳건히 하셔서 거기 의지해 천하를 제패하기 위함이었습니다. 나아가면 적을 충분히 이기고, 물러나면 충분히 굳게 지킬 수 있었기 때문에 비록 곤란과 패배가 닥치

더라도 마침내 대업을 이룰 수 있었습니다. 장군께서 근거로 삼으신 연주는 북으로 황하를 끼고 남으로는 제수가 흐르는 천하의 요지요, 지난날의 관중이나 하내와 같은 땅입니다.

우리는 지금 여포의 부대를 깨친 터라 그 기세를 몰아 동북에 버티고 있는 진궁을 공격해야 합니다. 그렇게 진궁을 묶어두고 그사이에 병사를 동원해서 보리를 베어들여 군량을 넉넉히 비축해놓으면 여포의 숨통을 끊는 것은 식은 죽 먹기입니다. 그다음 남으로 양주의 유요와 손을 잡고 원술을 치면 성공은 틀림없습니다.

이제 서주를 취하려 함에 있어 이곳에 군사를 많이 남기면 그곳에서 쓸 군사가 모자랄 것이요, 이곳에 군사를 적게 남기면 여포가 그 빈틈을 노려 쳐들어올 것이니 이는 연주를 모두 잃게 되는 걸 뜻합니다. 만약 장군께서 서주를 빼앗지 못하신다면 장차 어디로 돌아가시렵니까?

듣기에 지금 서주는 도겸이 비록 죽었으나, 유비가 이어 굳게 지키고 있고, 또 백성은 이미 유비를 깊이 따라 죽도록 그를 위해 싸울 것이라 합니다. 지금 동쪽에서는 모두 보리 수확을 끝냈으므로 반드시 성벽을 견고하게 쌓고 들녘을 푸르게 하여 장군을 기다리고 있을 것입니다. 장군께서 성을 공격해도 함락시킬 수 없고, 약탈하려 해도 수확이 없으면 열흘도 못돼 10만 명의 군대는 싸움도 하기 전에 곤경에 빠질 것입니다. 지난날 서주를 토벌할 때, 처벌당한 자들의 자제들은 부형의 치욕을 생각해 반드시 스스로 지키고, 투항할 마음이 없을 것입니다.

연주를 버리고 서주를 취하는 것은 큰 것을 버리고 작은 것을 취함이요, 줄기를 버리고 잔가지를 취함이며, 평안함과 위태로움을 바꾸는 격입니다. 바라건대 다시 한 번 깊이 헤아려 결정하십시오."

여리기도 하고 질기기도 한 것이 귀다. 여린 것은 남의 말에 전적으로 따르는 것이다. 질긴 것은 남의 말을 듣지 않는 것이다. 지도자라면 귀가 여려서도 안 되고, 질겨서도 안 된다. 귀를 기울여 듣고, 소신껏 판단해야 한다. 참모의 말이 맞다 싶을 때는 촌음寸陰의 지체도 없이 수용해야 한다. 조조는 순욱의 권고를 듣고 생각을 바꿨다. 병사들에게 명을 내려 보리를 충분히 수확하도록 했다. 그런 다음 여포와 다시 싸웠다. 여러 현을 평정했다. 여포는 패배해 서주로 도망갔다. 이로써 연주는 마침내 평정됐다.

천자天子!

나라의 지존이다. 이미 유명무실한 존재지만 4백

년 동안 백성의 뇌리에 각인된 천자의 무게는 여전히 가볍지 않았다. 때문에 누가 천자의 곁에 있느냐 하는 것은 인심을 얻는 데 중요한 변수다. 소위 천명天命이 누구에게 있느냐를 보여주는 유력한 징표가 되기 때문이다. 물론 동탁이 그랬던 것처럼 천자를 옆에 끼고 있는 것이 유리한 것만은 아니다. 단점도 있다. 잘못될 경우 천하의 간신, 만인의 공적公敵이 될 수도 있는 것이다.

195년 정권을 장악하고 있던 이각과 곽사 간에 갈등이 발생했다. 이·곽 연합 정권은 붕괴됐다. 그 틈을 타고 황제가 장안에서 낙양으로 탈출했다. 낙양으로 돌아갔으나, 그곳은 이미 폐허나 다름없었다. 황제의 심정은 참담했다. 천자를 보위할 세력도, 군사력을 갖춘 인물도 없었다. 혈혈단신에 고립무원孤立無援, 이즈음 황제의 처지였다.

어떻게 할 것인가? 장안에서 동란이 일어나자 각 진영마다 논의가 분분했다. 조조 진영에서도 갑론을박했고, 원소 진영에서도 공팔칠팔했다. 원소의 모사 저수가 천자를 모셔오자는 제안을 냈다. 원소는 묵살했다. 원소는 천자를 끼고 있을 때의 위험성을 더 크게 봤다. 원소의 출신 배경도 작용했다. 원소는

4대째 한漢나라에서 정승 벼슬을 한 명문가 출신이었다. 익숙하면 다른 것을 선망하기 쉽다. 또 답습이나 계승은 그리 매력이 별로 없다. 원소는 감투 쓰고 하는 궁정 놀음보다 말 타고 내달리는 자수성가에 마음이 끌렸다. 천자 곁에서 실세가 되는 것은 영 내키지 않았다. 호기로 풍운을 일으키고, 말 위에서 천하를 평정하고 싶었다. 새 왕조를 창업하려는 야심이 천자 옹위擁衛를 싫어하게 만들었을 수도 있다. 실제로 원소는 기주를 거점으로 해서 청주, 유주, 병주에 이르는 광대한 지역을 하나하나 점령하면서 밖에서 안으로 치고 들어가는 길을 모색했다.

조조 진영의 분위기는 조금 달랐다. 순욱은 천자를 활용하는 것이 좋겠다고 판단했다. 조조에게 천자를 끼고 정권을 장악하는 '천자 옹위론'을 강력하게 건의했다.

> "이전에 진나라 문공이 주나라 양왕을 수도로 영접하자, 제후들은 사물에 그림자를 드리운 것 같이 따르고 복종했으며, 한나라 고조가 동쪽으로 항우를 정벌하러 가서 항우에 의해 살해된 의제를 위해 상복을 입자 천하의 인심이 모두 따르고 복종했습니다.
>
> 지금 천자의 수레는 낙양으로 돌아왔지만 잡초만

무성합니다. 정의로운 선비는 조정을 보존하려는 생각을 품고 있고, 백성은 옛것을 생각하면서 슬픔을 더해 갑니다. 진실로 이 기회를 이용해 천자를 받들어 백성의 희망에 따르는 것은 큰 순리입니다. 공정한 태도를 갖고 호걸들이 복종하도록 하는 것은 지략입니다. 대의를 갖고 영재와 준걸을 부르는 것은 큰 덕망입니다. 천하에는 반역의 무리가 있지만, 우리의 근심이 될 수 없음이 분명합니다. 만약 일찍 이 일을 꾀하지 아니하고 머뭇거리다가는 다른 사람이 나서게 될까 두렵습니다."

전가후옹前呵後擁이란 말이 있다. 앞에서 벽제辟除하고, 뒤에서 옹위한다는 말이다. 벽제는 지위가 높은 사람이 행차할 때, 하인들이 잡인의 통행을 금하는 것이다. 이때 '물렀어라' 따위를 외치는데 그것이 인갈引喝이다. 순욱의 말이 바로 천자를 끼고 전가후옹하자는 것이었다. 인갈로써 쉽게 길을 좀 터보자는 것이었다. 그는 천자 옹위에 따른 위험성이 별로 크지 않으며, 여론이 그걸 원한다고 판단했다. 원소에 비해 부족한 세를 이렇게 메우자는 생각도 했다. 그가 보기엔 명분도 있고, 실리도 충분했다. 애옥한 천자를 섬김으로써 여론에 호응하고, 선정으로 민심을 얻자. 천자 보좌를 핑계로 인재를 끌어들이고, 왕명을 구실로 원소를 압박하자. 순욱의 주장이었다. 이 또한 공심위상攻心爲上의 병법 원리에 충실히 따른 것이었다. 대권 전략은 수많은 변수를 유리하게 관리하는 것이고, 구도를 적절하게 운영하는 것이다. 천자란 변수를 활용해 조조 중심의 구도를 만드는 것이 순욱의 전략이었다. 순욱의 판단은 옳았다.

실제로 조조가 중원의 패자覇者로 등장하는 상승 계기가 된 것도 천자를 옹위하게 되면서부터였다.

조조의 천자 옹위가 효과를 발하다

조조의 심정은 어떠했을까. 조조의 집안도 명문이다. 아버지가 환관의 우두머리 조등에게 양자로 들어갔다. 아버지 조숭도 양부가 돈을 들인 덕에 태위 벼슬을 지냈다. 조조 또한 나이 20세에 효렴으로 벼슬자리에 나갈 수 있었다. 하지만 그에게 환관이란 딱지는 콤플렉스였다. 때문에 내시가 아니라 번듯한 대신으로 자기 위상을 확보하고 싶었다. 조조는 순욱의 조언에 귀가 솔깃했다.

196년 조조는 마침내 낙양으로 가 천자를 받들었다. 허현을 수도로 삼았다. 허현이 허도가 됐다. 이것은 조조가 대권을 장악한 것을 의미했다. 천자는 조조를 대장군으로 임명했다. 순욱을 한의 시중侍中으로 승진시켜 상서령尙書令을 대신하도록 했다. 시중은 황제의 측근 신하로 황제의 곁에서 하문에 응대하는 관직이었다. 상서령은 천자가 보살피는 각종 대사를 총괄하고, 왕명의 출납을 담당했다. 게다가 관할하지 않는 부서가 없었기 때문에 명실 공히 중앙행정 각 부문의 최고 수반이었다. 순욱은 정권 2인자가 된 셈이었다. 하지만 순욱은 항상 치우침이 없도록 마음을 바르게 하고, 엄정한 태도를 견지했다. 비록 정벌로 밖에 있을 때에도 조조는 군사나 국정에 관한 일을 언제나 그와 상의했다.

천자를 모시는 구도는 금세 효과를 발휘했다. 허현이 속한 예주 일대는 당연히 조조의 세력권에 편입됐다. 그러자 관중에 도사리고 형세를 관망하던 여러 장수들이 앞다퉈 조조 진영에 가담했다. 조정의 인사를 마무리 짓고, 이각과 곽사를 패퇴시켰다. 패권 장악을 위한 일보를 내디딘 셈이었다.

한편 원소는 이제 몸을 일으킬 때가 됐다고 판단했

다. 조조의 상승세를 더 이상 방치하는 것은 부담스러웠다. 자신감도 넘쳤다. 이미 황하 이북 지역을 병합해 광대한 지역을 차지하고 있었기 때문이다. 조조로선 분명 쉽게 감당할 수 없는 해일이 될 게 분명했다. 조조에게는 또 다른 근심이 있었다. 동쪽의 여포와 남쪽의 장수가 근심거리였다. 장수는 동탁의 부장 장제의 조카였다. 이런 정세 때문에 원소는 기고만장했다. 바야흐로 전쟁의 먹구름이 짙게 드리우고 있었다.

조조는 먼저 군대를 일으켜 원소를 토벌하고 싶었다. 그러나 힘이 부족했다. 조조는 기운이 빠지고, 짜증이 났다. 주군이 의기소침할 때는 기력을 북돋아줘야 한다. 이것도 참모의 주요 임무다. 순욱이 나섰다.

> "옛날 성공한 자와 실패한 자를 보면, 진실로 재능을 가지고 있는 인물이라면 설령 약한 것도 반드시 강하게 만듭니다. 정녕 부적당한 인물이라면 비록 강한 것도 쉽게 약한 것으로 바뀌게 됩니다. 이것은 유방이 살아남고, 항우가 패망한 경우를 보면 충분히 알 수 있습니다.
>
> 지금 공과 천하를 다투는 자는 오직 원소뿐입니

다. 원소는 겉으로는 관대하나 안으로는 거리끼는 것이 있습니다. 사람을 임용하고서도 그의 마음이 충성스럽지 못한가 의심합니다. 하지만 공은 현명하고 활달해 다른 사람에게 구속되지 않고 오로지 재능에 따라 적당한 자리를 줍니다. 이는 도량에서 공이 앞선 것입니다.

원소는 일을 처리함에 있어서 지지부진하고, 생각이 분분합니다. 결단력이 부족해 행동이 늦고, 그럼으로써 기회를 잃어버립니다. 하지만 공은 큰일을 도모함에 있어 결단력이 있습니다. 변화에 대응해 고정된 전략만 따르지 않습니다. 이는 계략에서 공이 앞선 것입니다.

원소는 군대를 통솔함에 있어서 느슨하고 법령의 권위가 서 있지 않습니다. 병사의 숫자는 많지만 실제로 쓰기에는 어렵습니다. 하지만 공은 법령이 이미 명확하고, 상을 주고 벌을 내리는 것을 반드시 시행합니다. 병사의 수는 비록 적지만 죽음을 무릅쓰고 싸웁니다. 이는 무력에서 공이 앞선 것입니다.

원소는 조상의 자금에 의지해 얼굴빛을 부드럽게 가장하고 지혜를 꾸밈으로써 명예를 얻었습니다. 선비 중에서 능력은 부족한데 말하기를 즐기는 자들은 대부분 그에게 귀속돼 있습니다. 하지만 공은 지고한 인덕으로 사람을 대합니다. 성실한 태도를 잃지 않아 허황된 아름다움을 만들지 않습니다. 행동은 근검절약을 하고 있고, 공적이 있는 자에게는 아끼는 것이 없습니다. 그러므로 실질을 중요시하는 인사들이 모두 공에게 등용되기를 원하고 있습니다. 이는 덕에서 공이 앞선 것입니다.

대체로 이 네 가지의 앞선 조건을 가지고 천자를 보위하고, 정의를 가지고 반역자를 정벌하고 있습니다. 그런데 누가 감히 따르지 않겠습니까. 원소의 군대가 강대하다고 하나, 그 군사로 무엇을 할 수 있겠습니까."

범을 몰아 이리를 삼키게 하다

순욱의 논리에는 견강부회牽强附會나 과장이 없다. 차분한 분석으로 흔들리는 보스를 격려했다. 순욱은 조조에게 당분간 원소를 생각하지 말고 먼저 여포를 정벌하라고 권했다. 곁에 있음으로써 안심이 되고, 길을 제시함으로써 도움이 되는 참모만큼 유능한 참모가 또 있을까. 조조는 오랫동안 벼르고 별렀던 서주 평정으로 다시 눈을 돌렸다. 조조의 텃밭 옆에 웅크리고 있는 여포와 유비는 목의 가시였다.

순욱이 계책을 올렸다. 여포와 유비를 이간질하는

이호경식지계二虎競食之計였다. 두 호랑이가 한 먹이를 서로 다투게 하는 것이었다. 도겸이 유비에게 서주목 자리를 물려주었다. 그러나 아직 황제의 조명詔命을 받지 못하고 있었다. 따라서 유비를 정식 서주목에 임명한 뒤 여포를 죽이라고 명하자는 논리였다. 그러나 이 계책은 유비가 움직이지 않아 결국 실패로 끝났다.

순욱이 다른 계책을 올렸다. 범을 몰아 이리를 삼키게 하는 구호탄랑지계驅虎呑狼之計였다. 원술과 유비를 싸움 붙이는 전략이었다. 유비가 원술의 땅인 남군을 치려고 천자에게 표를 올렸다는 말을 원술에게 흘렸다. 유비에게는 황제의 이름으로 원술을 치라고 명령했다. 유비는 원술과 싸움을 벌였다. 그 틈을 타 여포가 서주를 빼앗았다. 순욱이 원하던 대로 혼란이 조성됐다. 조조는 197년 군사를 일으켜 원술을 대파했다. 198년에는 여포를 사로잡아 죽이고 서주를 평정했다. 이듬해에는 장수의 항복도 받아냈다.

경쟁자 원소도 놀고 있지 않았다. 날로 세력이 번창했다. 198년부터 조조와 원술의 숙명적 대결은 직접적 대치로 비화됐다. 천하쟁패를 가르는 관도 대전의 말발굽 소리가 들리고, 흙바람이 일기 직전이었다. 싸움을 실제 붙어보기 전에는 전력을 대충 가늠해볼 수밖에 없다. 넓은 땅을 지배하는 원소였다. 당연히 겉모습으로는 원소의 군대가 워낙 막강해 보였다. 상대적으로 약해 보이는 조조 진영에선 불안감이 조성되기 시작했다. 패배주의, 회의감은 도사리와 같다. 끈질긴 생명력, 왕성한 번식력을 자랑한다. 그대로 방치하면 온통 풀로 뒤덮이고 만다. 순욱이 이 패배주의를 좌시할 리 없었다.

"원소의 군대는 비록 많지만 군벌이 정비돼 있지 못합니다. 참모 전풍은 강인하나 윗사람을 쉽게 거스릅니다. 참모 허유는 탐욕스러워 자신을 다스리지 못합니다. 참모 심배는 독단적이고 계획성이 없습니다. 참모 봉기는 과단성이 있지만 자기 판단만 고집합니다. 때문에 이 두 사람이 원소를 위해 기주에 남아서 뒷일을 관리한다면, 핑계를 대 허유의 가족들을 겁박할 것입니다. 그렇게 되면 허유는 반드시 반역할 것입니다. 장수 안량과 문추는 필부의 용맹이 있을 뿐입니다. 한번 싸움으로 사로잡을 수 있습니다."

전풍, 허유, 심배, 봉기 등은 원소가 자랑하는 책사들이다. 안량과 문추는 원소의 대표적인 맹장들이다. 순욱이 두 가지에 주목했다. 먼저 원소 참모들의 내부 갈등이었다. 안에서 알력이 생기면 밖으로 아무리 화려해도 외화내빈外華內貧일 뿐이다. 속빈 강정이 딱 들어맞는 말이다. 서로 헐뜯고 비방하는데 사태를 주시하며 지혜를 짜낼 겨를이 있으랴. 숱한 전투에서 자멸이 패배를 불러왔다. 갈등이 내분으로 발전한다면 조조로서는 이미 반은 이기고 들어가는 것이나 마찬가지였다. 순욱이 주목한 다른 하나는 안량과 문추가 용맹할 뿐 머리가 없다는 점이었다. 지혜는 용력에 의해 보호되고, 용력은 지혜에 의해 인도돼야 한다. 그래야 지혜든 용력이든 온전하게 힘을 발휘한다. 힘센 장수는 있으나 머리가 없다. 머리 쓰는 모사들도 그 장수를 나 몰라라 하고 있다. 이 두 가지 요인 때문에 크게 걱정할 필요가 없다는 것이 순욱의 분석이었다.

원소가 군대를 일으켜 허도로 향했다. 200년, 드디어 관도 대전의 막이 올랐다. 관도 대전은 원소의 수도인 업도와 조조의 허도 사이에 흐르는 황하를 중심으로 조조군과 원소군이 치른 대大혈전이다. 조조와 원소가 차지하고 있던 지역은 중국의 중심지로 이른바 중원에 해당하는 지역이었다. 알짜배기 땅, 그야말로 '나라의 중심中國'이었다. 따라서 여기서 누가 승자가 되느냐에 따라 천하의 주인이 결정되는 싸움이었다.

형세는 조조에게 불리했다. 우선 군사력에서 원소가 조조를 압도했다. 약 다섯 배나 많았다. 원소의 명성도 화려했다. 명가의 자손으로서 군웅이 동탁을 토벌하러 나섰을 때 그 맹주로 추대될 만큼 여러 군벌의 영수였다. 차지하고 있는 지역도 광대했다. 이 지역이 경제의 중심지라 병장기와 군량미도 넉넉했다. 원소에게 불리한 것이라고는 조조가 천자를 모시고 있다는 대의명분뿐이었다.

4월 조조군은 기습으로 서전緖戰을 장식했다. 백마에서 적장 안량의 목을 베었다. 연진에서는 적장 문추의 목마저 베었다. 순욱이 예견한 그대로 안량과 문추는 단번에 무너졌다. 원소는 제대로 싸워보지도 못하고 야전군 사령관을 잃은 것이었다. 하지만 그래도 병력은 여전히 원소 쪽이 압도적 우세였다. 싸움은 지구전持久戰에 빠져들었다.

간언하는 참모, 가납하는 보스

전선이 교착상태에 빠져 있던 8월, 조조에겐 심각한 문제가 있었다. 군량미가 부족했던 것이다. 조조는 철군하려 했다. 그는 허도를 지키고 있던 순욱에게 편지를 보냈다. 허도로 돌아가 원소를 그쪽으로 유인하면 어떻겠느냐고 의논했다. 순욱은 답장을 보냈다.

> "지금 군대에 식량은 비록 적지만, 항우와 유방이 형양과 성고에서 싸우던 때처럼 심각하지 않습니다. 그 당시 유방과 항우 중에서 그 누구도 먼저 물러서려고 하지 않았으니, 이는 먼저 물러서는 것이 세력의 굴복을 뜻하기 때문입니다. 공은 적의 십분의 일의 병력으로 경계를 설정하고, 그것을 지키면서 원소의 목을 조임으로써 전진하지 못하게 한 지 벌써 반년이 됐습니다. 정세를 살피니 원소의 세력이 고갈돼 반드시 급변하는 일이 생길 것이고, 이는 바로 뛰어난 계책을 사용할 수 있는 때이므로 놓쳐서는 안 됩니다."

조조가 순욱의 말을 듣고, 퇴각하려던 생각을 접었다. 과연 간언할 줄 알고, 가납嘉納할 줄 아는 참모와 보스였다. 어렵게 버티던 와중에 고대하던 사태가 벌어졌다. 소장지변蕭牆之變이란 말이 있다. 소장은 임금과 신하가 만나는 곳에 친 병풍이다. 소장지변은 병풍 사이의 변이다. 밖에서 남이 들어와 일으킨 것이 아니라 내부에서 일어난 변란을 뜻한다. 원소 진영에서 그 소장지변이 일어났다. 심배는 허유의 가족이 법률을 위반했다며 그의 처자식을 체포했다. 허유는 노해 원소를 배반했다. 전풍은 바른 말로 따지다 원소에게 처형당했다. 투항한 허유가 정보를 주었다. 조조는 원소의 군량미가 저장돼 있는 오소를 급습했다. 원소로선 군량미 보급이 끊긴 것이었다. 자중지란自中之亂이 일어났는데, 어찌 이기랴. 결국 원소는 관도 대전에서 패했다. 자신의 근거지로 도망갔다. 이처럼 커뮤니티를 다스리지 못하는 리더는 아무리 강해도 성공할 수 없는 법이다.

산불을 꺼보면 알지만 어설픈 진화는 대단히 위험하다. 꺼진 듯하지만 잔불이 다시 큰불을 내기 때문이다. 진화할 때는 반드시 불씨를 제거해야 한다. 조조로서는 원소를 추격해 근거지를 없애야 했다. 하지만 조조는 예의 식량 부족을 이유로 방향을 바꾸려 했다. 형주의 유표를 공격하고자 했다. 당연히 순욱이 제지하고 나섰다.

"지금 원소는 패했고, 그의 무리는 떠날 마음이 있습니다. 마땅히 그가 곤궁해진 틈을 이용하여 그를 토벌해야 합니다. 그러나 공이 연주와 예주를 거스르고 멀리 장강까지 군대를 이끌고 갔을 때, 만약 원소가 남은 군대를 거둬서 빈틈을 이용해 공의 배후를 공략하면 공의 성공 기회는 사라져버립니다."

참모의 건의에 보스의 수용이 뒤따랐다. 순욱의 말을 들은 조조는 다시 황하 지역에 주둔했다. 202년 원소가 세상을 등졌다. 조조는 황하를 건너 원소의 아들 원담과 원상을 공격했다. 원소의 장군 고간 등이 황하의 동북 지역을 침략하자 이를 격파했다. 202년 조조는 업성을 함락시켰다. 기주목에 임명됐다. 이때 어떤 이가 조조의 귀에 속삭였다.

"고대의 제도를 부활해 아홉 주를 설치하시지요. 고대의 아홉 주 중에서 기주가 통치하는 곳이 가장 광대해질 것이고, 천하가 순순히 응할 것입니다."

귀가 솔깃한 아이디어는 반드시 다시 한 번 더 생

각해봐야 한다. 우둔한 것이 범 잡는다는 말도 있지만, 듣보기장사 애 말라 죽는다는 말도 있다. 마음이 왈칵 움직이더라도 과연 이성理性도 동의하는지 자문해봐야 한다. 그러나 조조는 그런 것 없이 덥석 받아들이려 했다. 순욱이 단호하게 반대하고 나섰다.

"만일 그렇게 한다면, 기주는 하동·풍익·부풍·서하 등 여러 군, 유주와 병주의 땅을 병탄해야 할 것입니다. 이는 공에게 토지를 빼앗긴 자들이 많아지게 되는 것을 의미합니다. 이전에 공이 원상을 격파하고, 심배를 사로잡자 온 천하가 진동하고 놀랐습니다. 사람마다 스스로 자신의 토지를 지키지 못하고 자신의 병사를 지킬 수 없을까 두려워하고 있습니다. 만일 지금 이 지방들을 기주에 귀속시키면 아마도 일제히 동요하는 마음이 생길 것입니다.

원컨대, 공은 급히 군대를 이끌고 먼저 하북을 평정해야 합니다. 그런 연후에 낙양을 수리해 부흥시키십시오. 남쪽으로 형주에 다다라서 유표가 조정에 공헌을 게을리한 죄를 문책해야 합니다. 이렇게 하면 천하 사람들은 나라를 위하는 공의 뜻을 모두 알게 되고, 안심할 것입니다."

사람의 마음을 얻어야 한다는 공심위상의 논리다. 백성을 불안하게 하지 말고, 빨리 난을 평정하자는 것이 순욱의 주장이었다. 적은 규모의 병사들을 거느린 장수들을 토지 때문에 동요케 하면, 이들이 이심전심 하나의 거대 세력으로 연대하는 등의 후유증이 따른다는 지적이었다. 가벼운 깃털도 쌓이면 배를 가라앉게 하고, 비난이 쌓이고 쌓이면 사람의 뼈까지도 삭게 한다積羽沈舟, 積毁銷骨. 이겼다고 들까불면 어느새 천 길 낭떠러지 끝에 매달리는 신세가 되고 만다. 좀 나아졌다고 가들막거리면 시나브로 시난고난하게 된다. 조조는 구주 설치 논의를 철회했다.

조조는 순욱의 건의대로 하북을 평정하는 데 온 힘을 쏟았다. 병주를 병합했고, 요동을 정벌했다. 206~207년에 이르러 조조는 천하를 거의 평정했다. 중원의 패자가 된 것이다. 순욱은 조조의 딸을 며느리로 맞이했다. 208년 조조는 승상이 됐다. 순욱이 제시한 다음 목표인 형주를 정벌했다. 이제 동탁에서 시작된 천하 난세의 큰 줄기가 조조의 손에 의해 잡힌 것이었다.

재주에다 지조까지 갖춘 순욱, 죽음을 택하다

제갈량이 유비를 만난 것은 207년이다. 너무 늦은 만남이었다. 이미 천하는 조조에 의해 거의 평정된 상태였다. 그 조조 천하를 만든 주역은 순욱이었다. 공명이 이런저런 계책으로 발버둥을 치고, 안간힘을 쏟았지만 순욱이 구축한 구도를 깨뜨리지 못했다. 제갈량은 다섯 차례의 북벌로 대세 역전을 시도했지만 성공하지 못했다. 그는 234년 오장원에서 죽었다. 누가 진정 불세출不世出의 참모인가.

『삼국지』는 세 나라가 비등비등한 수준에서 천하의 주인이 되기 위해 싸운 이야기가 아니다. 절대 강자 조조에게 미련한 유비와 겁 많은 손권이 깐죽대다 실패한 이야기다. 216년 조조가 위왕魏王이 됐다. 221년 유비가 왕으로 자처했고, 229년 손권도 칭제稱帝했다. 삼국이 정립한 것이다. 그 후 263년 촉蜀이 망하고, 280년 오吳가 망함으로써 삼국시대는 끝나고, 천하 통일은 완전하게 이뤄졌다. 이때 이미 조조 천하의 건설자 순욱은 세상을 떠나고 없었다. 따라서 소설 『삼국지』를 삼국이 정립해서 싸운 시기의 이야기, 즉 '삼국지三國志'로 읽는다면 순욱은 주인공이 아니다. 허나 『삼국지』를 황건적의 난부터 시작되는 군웅할거의 이야기, 즉 '군웅지群雄志'로 읽는다면 순욱이 주인공이다. 조조를 최종 승자로 만들어낸 참모가 순욱이기 때문이다.

순욱은 겸허하고 검소했다. 봉록을 친지와 친구들에게 모두 나눠줘 평판과 신망을 두루 얻었다. 하지만 그에게도 대부분의 역사적 인물이 그렇듯이 비극이 찾아오고 있었다. 212년 일부 신하들이 조조를 위해 아이디어를 냈다. 국공國公이라는 봉작封爵과 구석九錫의 예물을 조조에게 수여하자는 생각이었다. 순욱에게도 조언을 구했다. 공公은 한漢 왕실의 일족이 아니면 오를 수 없는 지위다. 구석은 천자가 특별한 공로가 있는 사람에게 하사하는 아홉 가지 물품을 말한다. 그것을 받는 것은 곧 다른 신하와 구별됨을 뜻한다.

순욱이 생각하기에 그나마 국공의 작위는 수긍할 수 있었다. 조조가 세운 업적에 비할 때 충분히 가능한 것이었다. 하지만 문제는 구석이었다. 한나라를 일시적으로 무너뜨린 왕망이란 자도 왕위 찬탈에 앞서 그것을 받은 일이 있었기 때문이었다. 순욱은 조조에게 구석을 주는 것이 선양을 요구하는 의도로 비칠 수도 있음을 경계했다. 순욱은 정색하고 말했다.

"조공이 의병을 일으킨 것은 조정을 구하여 나라를 태평하게 하기 위함이었다. 그렇기 때문에 조공은 지금까지 천자에게 충성을 다하면서 겸허한 자세로 시종일관해온 것이다. 끝까지 덕을 존중해 자중하는 것이 군자의 도리이므로, 너무 지나친 처신은 삼가는 것이 좋을 듯하다."

순욱의 말을 전해 듣고 조조는 실망했다. 섭섭했다. 생사의 바다를 같이 건너온 사이에다 사돈지간인데 어떻게 그럴 수 있나. 도저히 순욱을 옛날처럼 대할 수 없었다. 꼴도 보기 싫었다. 죽이기로 했다. 조조다운 꾀를 냈다. 그에게 음식을 보냈다. 순욱이 그 뚜껑을 열어보니 빈 그릇이었다. 순욱은 조조의 뜻을 미루어 짐작했다. 독약을 마시고 죽었다. 깨끗한 처신이었다. 왕위에 오르는 것을 용납할 수는 없고, 그렇다고 조조와 맞설 수도 없다. 그렇다면 내가 사라져주자는 선택이었다. 212년이었다. 나이 50, 세상과 하직 인사를 나누기엔 이른 나이였다. 천수를 누린 죽음도 아니었다. 허나 그에겐 후회는 없었으리라. 미련도 없었으리라. 조조와 함께 21년 동고하고 동락했으나 죽음 앞에선 그 혼자였다. 그것만이 아쉬웠을 것이다. 이형기가 읊은 〈낙화〉의 심정이 그의 그것과 다르지 않았을 것이다.

가야 할 때가 언제인가를
분명히 알고 가는 이의
뒷모습은 얼마나 아름다운가.

봄 한철
격정을 인내한
나의 사랑은 지고 있다.

분분한 낙화…
결별이 이룩하는 축복에 싸여
지금은 가야할 때,

무성한 녹음과 그리고
머지않아 열매 맺는
가을을 향하여
나의 청춘은 꽃답게 죽는다.

헤어지자
섬세한 손길을 흔들며
하롱하롱 꽃잎이 지는 어느 날

나의 사랑, 나의 결별,
샘터에 물 고이듯 성숙하는
내 영혼의 슬픈 눈.

순욱의 입장은 조조의 야심을 견제한 것으로 이해되고 있다. 훗날 조조가 왕에 오르고, 그 아들이 제위를 선양 받은 것에 비춰본 해석이다. 순욱이 주공周公을 조조의 롤모델role model로 설정했을 수도 있다. 그랬다면 당연히 조조가 황제로 오르는 것을 용납할 수 없었을 것이다. 과연 그랬을까?

순욱의 언행을 다르게 바라볼 수도 있다. 이미 건국한 지 4백 년이 넘고, 왕조 말기의 데카당스décadence가 만연한데 무엇 때문에 한漢왕조를 고집했으랴. 시기상조, 그는 아직 때가 아니라고 판단했다. 대세를 거의 장악하긴 했지만 천하를 완전히 평정한 것은 아니다. 왕위에 오르더라도 이를 마무리하고 해야 한다. 또 조조가 칭제하면 유비나 손권도 칭제할 것이다. 이렇게 되면 상황이 복잡해진다. 유비나 손권이 한 나라의 틀을 갖도록 유도할 게 아니라 지금 이 상태로 가서 고사枯死시켜야 한다. 이런 생각을 했을 것이다. 천하를 억지로 움켜쥐려 하면 점점 더 멀어지게 마련이다. 실제 역사의 진행도 그랬다. 삼국이 정립해 싸웠다. 순욱의 말대로 끝까지 덕을 존중하고 자중해 민심을 얻었다면 유비와 손권도 궤멸됐을 것이다.

아예 순욱이 조조를 도운 것 자체가 잘못된 것이라는 시각도 있다. 시인 두목杜牧이 말했다. "순욱이 조조를 도운 것을 잘못이라고 하지 않는다면, 도둑에게 담을 뚫거나 넘어들어가 궤짝을 여는 방법을 가르쳐주기만 했기 때문에 같이 훔친 것은 아니라는 주장과 같다." 문사文士의 감상은 패배한 자, 죽은 자를 더 무겁게 여긴다고 했던가. 두목의 평가는 마음 여린 시인의 목가적 낭만일 뿐이다. 백성이 도탄에 빠지고 왕조는 허물어져 가는데 손 놓고 있어야 한다면, 조조가 도둑 나부랭이에 불과하다면, 그건 허망한 말질일 뿐이다.

순욱은 새로운 통일 왕조 건국이라는 시대 흐름을 거슬렀는가. 삼국시대가 진晉의 통일로 끝났으나 그

치세는 얼마가지 못했다. 진이 통일한 것은 280년이었다. 허나 불과 11년 뒤인 291년부터 15년 동안 지속한 8왕의 난으로 흔들렸다. 317년부터는 위진남북조魏晉南北朝 시대로 접어들었다. 그 이후 618년에 당唐이 통일하기까지 장장 434년 동안 혼란은 계속됐다. 이처럼 현실의 역사가 순욱의 생각을 옳다고 증명해주고 있다. 성급하게 왕위에 오른 것은 실책이었다.

순욱은 찬물에 돌 같은 존재였다. 순욱에게는 유능한 참모에게 찾기 어려운 지조가 있었다. 조지훈은 순결한 정신을 지키기 위한 불타는 신념이 지조志操라고 했다. 대체로 참모가 보스의 의사를 거역하기란 결코 쉬운 일이 아니다. 순욱의 지조는 낡은 왕조를 끌어안고 같이 죽는 것이 아니었다. 자신의 판단에 충실했다는 점에서 지조가 있었다는 말이다. 엉터리 유선劉禪을 끌어안고 분투한 공명의 지조가 아름답지만, 자신의 판단을 위해 목숨까지 던진 순욱의 지조도 정말 아름답다.

진수의 평가에 따르면, 순욱은 덕으로써 행동해 주위로부터 신임을 얻었다. 정도가 아니면 가질 않았고, 만인의 모범이 됐다. 참모란 직책의 성격을 고려하면, 덕을 갖추고 소신까지 있는 순욱의 품격은 존경할 만하다. 『자치통감資治通鑑』의 저자 사마광은 순욱을 경세가의 사표 관중에 비교하고 있다. 순욱이 조조를 섬긴 것은 도탄에 빠진 백성을 구하기 위함이었으며, 그는 난세를 치세로 바꾸었다고 평가했다. 천하의 열 가운데 여덟을 차지하게 했으니 관중을 능가하는 공적이라고 적고 있다.

좋은 새는 나무를 가려 깃들이고, 지혜로운 신하는 주인을 가려 섬긴다良禽擇木而棲, 賢臣擇主而事. 순욱은 조조를 만나 그 뜻을 펼쳤다. 웅대한 구상으로, 혀를 내두르는 묘책으로, 그리고 치밀한 정치로 난세를 평정했다. 결코 그 뜻을 충분히 살리지 못한 것이 아니었다. 그는 흠모의 정이 느껴지는 초일류의 참모였다. 역사를 읽다 보면 가끔 이런 인물이 그리워지는 것은 왜일까.

순욱의 참모 멘토링mentoring

- 그저 상황이 어려울 것이라면 그냥 참으라. 그러나 보스가 성에 차지 않는다면 주저 없이 떠나라. 맞지 않는 건 붙잡고 있어봐야 헛일이다. 아옹하면서도 인내하는 것은 허망할 따름이다. 아니다 싶을 때는 일찌감치 떠나라.

- 위기일 때 더 마음을 가라앉히라. 두려움이 없는 사람은 없다. 누구나 두렵고, 누구나 무섭다. 하지만, 두려움을 이겨내는 것이 용기다. 용기는 참모의 필수 기술이다.

- 혼자일 때 사람은 한낱 짐승이다. 허허벌판에 쓰러진 상처난 짐승일 뿐이다. 그러나 더불어서 함께할 때 사람은 신이다. 놀라운 성과를 만들어내고, 기적을 일으킬 수 있다. 어울리면서 베풀고 나누는 참모가 되라.

- 지조를 가지라. 참모를 눈알 굴리는 모사꾼이라고 생각하지 말라. 잔재주에 현혹되지 않아야 한다. 신념을 갖고 소신으로 승부하는 멋진 참모가 되라.

- 참모가 견지해야 할 첫째 원칙은 공심위상이다. 승리, 성공, 행복은 모두 마음에서 비롯된다. 내 마음, 그의 마음, 많은 이의 마음이 관건이다. 마음에서 시작하고, 마음에서 끝을 보라.

8

냉철한 분석으로 영국 노동당을 패배의 수렁에서 건져 올린 특급 애널리스트

필립 굴드 & 토니 블레어

1997년부터 영국의 집권당은 노동당이다. 13년째다. 그 이전 노동당은 18년 동안 야당 신세였다. 힘든 세월이었다. 패배에서 벗어나기 위해 안간힘을 썼다. 바꾸고, 바꾸고, 또 바꿨다. 그래도 승리는 남의 것이었다. 패배에 익숙해졌다. 다시 바꾸고, 바꾸고, 또 바꿨다. 신新노동당이 됐다. 그리고 마침내 이겼다. 노동당의 승리는 필립 굴드의 헌신적인 노력이 있었기에 가능했다.

변화에 익숙한 보수당, 변화에 인색한 노동당

패배!

또 패배!

역시 패배!

익숙한 패배!

4번의 연속 패배…, 지긋지긋했다. 1979년부터 1997년까지 무려 18년 동안 영국 노동당을 짓누른 불행이었다. 악몽 같은 세월이었다. 너나 할 것 없이 외아들 잡아먹은 할미 상相, 궁궐 지킨 내관內官의 상이었다.

그리고 승리!

꿈이런가. 1997년 총선에서 노동당은 만년 야당을 끝냈다. 남의 일만 같았던 승리였다. 실로 오랜만의 집권이었다. 모두들 희희낙락, 환호작약歡呼雀躍했다.

토니 블레어, 고든 브라운, 피터 만델슨, 필립 굴드Philip Gould.

그 달콤한 승리는 이들이 만들어 추진한 '현대화 modernization' 프로젝트의 승리였다.

굴드는 명실 공히 현대화의 '핵심 브레인core brain' 이었다. 자타공인의 사실이다. 하지만 평가에서는 엇갈린다. 일부에서는 오직 승리하기 위해 노동당의 철학과 이념을 내팽개친 우파 기회주의자로 매도한다. "강한 자가 이기는 것이 아니라 이긴 자가 강한 것이다." 이런 따위의 승리 지상주의에 매몰됐다는 소리도 듣는다. 명예로운 패배와 켕기는 승리 중에서 양자택일하라면 후자를 고를 굴드였다. 따라서 아주 틀린 비판도 아니다. 그러나 그런 측면만 있는 것은 아니다. 굴드는 수렁에 빠진 노동당을 되살린 인물로 칭찬받는다. 진보라는 이름으로 패배에 길든 노동당의 구태를 몰아낸 것은 그의 냉철한 분석 때문이라고 상미賞美하는 사람도 있다. 누군들 만구칭찬萬口稱讚하랴만, 과연 어느 것이 굴드의 진면목인지 궁금하다.

공자가 이런 말을 했다. "지도자는 천부적 광기를 지닌 정열을 가져야 하지만, 위대한 지도자의 조언자는 얼음처럼 냉철해야 한다." 굴드가 바로 얼음처럼 냉철한 참모다. 숱한 시련을 겪어 둥글둥글 몽돌이 될 법도 했다. 허나 그의 차가운 예지는 주어진 상황에 안주하지 않도록 끊임없이 채근했다. 그는 쉼 없이 스스로를 채찍질했다. 돌이켜봐도, 그가 어떻게 실망하지 않고, 포기하지 않고, 자학하지 않고 이겨냈을까 싶다.

1983년 6월 9일, 노동당은 또다시 패배했다.

노동당은 1900년 노동자의 이해를 대변하기 위해 창당됐다. 그 노동당이 노동자로부터 외면당한 결과였다. 1976년 노동당은 집권당이었다. 그때 그들은 국제통화기금IMF 구제금융을 초래할 정도로 국정에 실패했다. 때문에 1979년 정권을 내줘야 했다. 그러나 그것은 4년 뒤에 당한 패배에 비하면 약과였다. 1983년 선거에서 노동당은 더 참혹하게 몰락했다. 1979년 총선도 패배한 선거지만, 이번에는 그에 비해서도 의석의 1/4을 잃어버렸다. 득표율은 9.3% 포인트나 떨어졌다. 1945년 이래 최악의 급락이었다. 노동당이 진정으로 잃은 것은 단순히 집권이 아니라 국민의 신뢰였다. 특히 미래 정치의 수요층인 젊은 층과 너무 멀어진 것은 18년간 패배의 근본 원인이었다.

심야의 귀곡성鬼哭聲.

늦은 밤에 들리는 곡소리는 상상하기조차 싫다. 1983년 즈음, 국민의 눈에 비친 노동당은 이처럼 불편한 존재였다. 당의 이미지는 극단주의, 당내 분열 등 온갖 부정적인 것들로 덧칠돼 있었다. 마치 정지된 비디오 화면처럼 짜증 나는 존재, 진상치였다. 노동당은 변화를 거부했다. 진보를 지향하는 노동당이 보수당보다 오히려 더 보수적이었다. "변화는 계속돼야 한다." 보수당은 이 명제에 충실했다. 하지만 노동당은 낡은 교조敎條에 얽매여 옴짝달싹 못했다. 급기야 조롱마저 들어야 했다.

> "보수당은 권력을 쟁취하고 장악하기 위해 끊임없이 탐구해왔다. 그 덕분에 언제나 대중의 구미 변화에 효과적으로 조응할 수 있었다. 노동당이 중산층을 개척해낸 성과와 비교할 때, 보수당이 노동계급의 지지를 획득하는 데 훨씬 더 성공적이었다."

굴드가 노동당 살리기에 뛰어든 것도 당의 한심한 꼴을 지켜봐야 하는 안타까운 심정 때문이었다. 굴드를 노동당으로 인도한 것은 만델슨Peter Mandelson이었다. 그들은 1984년 디너파티에서 처음 만났다. 당시 만델슨은 방송기자였고, 굴드는 런던 경영 대학원Lodon Business School 학생이었다. 그는 양친 모두 교사인 부모의 사랑으로 1950년에 이 세상에 왔다. 서섹스Sussex 대학을 졸업했고, 1981년부터 3년 동안 친구들과 광고 회사를 경영했다. 그러다 정치를 하기 위해 다시 학교에 다니고 있던 참이었다. 굴드는 세 살 어린 만델슨에게 매료됐다.

1년 뒤, 만델슨은 노동당의 홍보 책임자로 임명됐다. 졸업 후 굴드는 혼자서 정치 컨설팅 회사를 운영 중이었다. 허나 말이 운영이지 단 한 명의 고객도 없는 개점휴업 상태였다. 만델슨의 소식을 들은 굴드는 만델슨을 찾아갔다. 함께 일할 것을 자청했다. 최신 마케팅 기법과 홍보 기술로 노동당의 이미지를 개선해 승리하겠다는 당찬 포부로 가득 차 있었다. 그가 훗날 오랫동안 겪게 될 고통을 짐작이라도 했더라면 차마 그처럼 덤비지 않았을 것이다. 35세의 굴드, 일천한 경험의 풋내기 애송이는 역사의 격랑激浪 속으로 자신만만하게 걸어 들어갔다.

만델슨은 1940년대 노동당의 거물 정치인 허버트 모리슨Herbert Morrison의 외손자였다. 옥스퍼드 대학을 나왔다. 동성애자인 그는 홍보의 귀재, 마키아벨리의 적자嫡子였다. 그는 당 현대화 프로젝트를 솜씨 있게 포장해 판매하는 '스핀닥터spin doctor'였다. 만델슨은 항상 언론과 카메라에 주목했다. 무엇이 머리기사로 나와야 하는지 판단하는 것을 자신의 임무로 생각했다. TV 기자들이 어떤 그림을 찾고 있는지 알고자 했다. 그들에게 어떻게 하면 영향을 미칠 수 있을지 고민했다.

그는 당의 홍보 방식을 혁명적으로 전환했다. 즉, 현관문을 두드리거나 유인물을 돌리던 방식에서 탈피하고자 했다. 매스미디어를 홍보 수단으로 삼고자 했다. 홍보 목표도 새롭게 정립했다. 기존 지지자들의 결속을 다지는 것이 아니라 새로운 지지자를 찾아가는 것으로 바꿨다. 그와 굴드는 멋진 앙상블을 펼쳤다. 꽃 본 나비, 물 본 기러기였다. 혹자는 이렇게 평가했다. "굴드가 진단 · 검사자라면, 만델슨은 때로는 엄청난 정치적 위험을 무릅쓰고 집도를 맡았다." 둘은 호흡이 잘 맞았다. 안도현이 〈그대에게 가고 싶다〉에서 노래한 마음이 그들의 마음이었으리라.

진정 내가 그대를 생각하는 만큼
새날이 밝아오고

진정 내가 그대 가까이 다가가는 만큼
이 세상이 아름다워질 수 있다면
그리하여 마침내 그대와 내가
하나 되어 우리라고 이름 부를 수 있는
그날이 온다면
봄이 올 때까지는 저 들에 쌓인 눈이
우리를 덮어줄 따뜻한 이불이라는 것도
나는 잊지 않으리

사랑이란
또 다른 길을 찾아 두리번거리지 않고
그리고 혼자서는 가지 않는 것
지치고 상처입고 구멍난 삶을 데리고
그대에게 가고 싶다
우리가 함께 만들어야 할 신천지
우리가 더불어 세워야 할 나라
사시사철 푸른 풀밭으로 불러다오
나도 한 마리 튼튼하고 착한 양이 되어
그대에게 가고 싶다

굴드가 맨 처음 한 일은 노동당이 직면한 안팎의 문제점을 명료하게 파악하는 것이었다. 그의 트레이

드마크가 된 냉철한 분석의 시작이었다. 마치 좁쌀 알을 대패질해서 먹겠다는 자세로 하나하나 꼼꼼하게 조사했다. 이를 위해 그는 4주 동안 30명 이상의 사람들과 만나 이야기를 들었다. 그 대상은 정치인, 언론인, 광고 기획사 임원, 여론조사 전문가, DM 전문가 등이었다. 또 당의 지도부와 면담도 했다. 지금까지의 여론조사 결과와 수많은 서류, 문건을 검토했다. 대개의 경우 첫 느낌이 가장 정확하다. 굴드의 냉철한 분석에 헐벗겨진 노동당의 실체는 한마디로 엉망진창이었다. 형편 무인지경이었다.

모든 것은 찬반, 진위, 흥망, 정부正否를 동시에 갖고 있다. 따라서 무엇을 보느냐에 따라 다르게 보인다. 여기 물컵이 있다. 물이 반쯤 차 있다. 아직 물이 반이나 남은 것인가. 아니면, 벌써 물이 반이나 없어진 것인가. 보기 나름이다. 나쁜 점을 보면 비관하게 되고, 좋은 점을 보면 희망을 갖게 된다. 굴드는 당 총재인 닐 키녹Neil Kinnock에게서 희망을 발견했다. 그는 2년 전인 1983년 10월, 좌파의 거두 토니 벤Tony Benn을 누르고 당 총재가 됐다. 그는 곧바로 노동당 현대화를 위한 개혁 작업에 착수했다. 당 현대화는 대처Margaret Thatcher 총리가 신자유주의 개혁으로 바꿔놓은 영국의 현실을 인정해야만 집권할 수 있다는 논리였다. 시대가 바뀐 만큼 낡은 시대의 철 지난 교조를 일소하자는 것이었다. 하지만 좌파 세력은 사사건건 제동을 걸었다. 그들에겐 그 어떤 것보다 원칙이 중요했다. 그들에겐 노동당은 노동자의 정당, 사회민주주의를 견지하는 정당이어야 했다. 노조는 파업을 일으켰다. 현대화 작업은 지지부진할 수밖에 없었다. 굴드가 합류할 즈음, 키녹은 더디고 힘든 싸움을 계속하고 있었다.

굴드가 만난 사람들의 노동당에 대한 평은 참혹했다. 특히 민심 동향에 민감한 여론조사 전문가의 혹평이 제일 심했다. 듣기 민망할 정도였다.

> "일방적인 핵 비非무장을 주장하는 노동당의 국방 정책은 미친 짓이나 다름없다."
>
> "노동당은 쓸데없는 일에 예산을 낭비하고 있다."
>
> "동성애자를 위한 공원에 노동당이 수백만 파운드의 예산을 낭비하는 짓거리를 보면 정말 미치도록 화가 치민다."
>
> "노동당의 집권은 노동당을 좌지우지하는 노조 위원장들의 손에 나라의 운영을 맡기는 꼴이다. 두렵다."

85년 12월, 굴드는 분석을 끝냈다. 결과를 담은 장문의 보고서를 제출했다. 그는 날이 시퍼렇게 선 칼날처럼 사각사각 문제점을 파헤쳤다. 노동당의 홍보 작업은 제대로 관리되지 못하고 있다. 지휘 계통 혼란 탓이다. 그간 노동당이 펼친 캠페인은 국민에게 아무런 영향을 미치지 못하고 있다. 홍보 컨셉concept은 지나치게 복잡한데다, 일관성도 부족하다. 능동적인 언론 대책도 없다. 전략적으로 선택된 표적 집단을 무시하고 있다. 그 누구도 광고의 잠재력에 대해 알지 못하고 있다. 이런 요지였다.

문제점만 잔뜩 나열하고 대책이 없으면 그건 자학이다. 절망하라는 권유와 다름없다. 지금보다 나아지기 위해 현재의 문제를 파악하는 것이다. 당연하게도 문제 진단은 부副고, 해결책 제시가 정正이다. 문제 파악에서 허우적댈 게 아니다. 굴드가 몇 가지 해법을 제시했다. 핵심은 예비 홍보국SCA, Shadow Communication Agency의 설치였다. SCA는 광고 기획자와 조사 전문가들을 참여시켜 구성했다. 전략 초안 마련, 여론조사 실시와 분석, 광고 제작 및 캠페인 테마 마련 등의 역할을 수행했다. 만델슨과 굴드가 주도하는 SCA는 노동당의 홍보와 관련된 모든 영역으로까지 담당 분야를 신속하게 넓혀갔다. 사회정책 캠페인을 준비했다. 예정된 보궐선거 준비, 경제정책 컨셉 마련, FGIFocus Group Interview 조사, 당 홍보 전략 개발 등도 떠맡았다. 초창기 SCA는 비밀리에 활동했다. 그러나 곧 당의 승인을 얻어 공식화됐다. 1986년 2월이었다.

그러나 당의 공식 조직으로 자리 잡게 되면서 부작용도 생겨났다. SCA가 자연스럽게 당내 갈등에 빠져들어 간 것이다. 형식상 전국집행위원회NEC 산하였지만, 내용적으로는 총재 직속 기구로 움직였다. NEC는 당내 좌파가 지배하는 기구였다. NEC는 그간 캠페인이나 홍보 따위를 지엽枝葉으로 취급하고, 그런 말단末端에 거의 관심을 보이지 않았다. 하지만 SCA가 점차 영역을 넓혀가자 NEC는 SCA를 직접적인 위협 요인으로 간주하기 시작했다. 예비 내각 장관들은 의구심을 나타내거나, 심지어 공공연히 적대감을 표출하기도 했다. 바야흐로 당 현대화 세력의 전위대前衛隊인 SCA가 좌우 갈등, 노선 투쟁의 소용돌이 속으로 뛰어든 셈이었다.

SCA는 이런 견제의 눈초리를 아랑곳하지 않았다. 대중의 입맛에 맞는 캠페인을 펼치고, 보궐선거에

FGI를 도입하는 등 마케팅 기법을 본격 도입했다. 당의 로고를 장미로 바꿨다. SCA는 노동당이 극렬 좌파의 수중에 있다는 일반의 인상을 바꾸는 데 이바지했다. 당에 활력도 불어넣었다. SCA는 '노동당—국민 제일주의 정당'이란 슬로건을 고안해냈다. 그러나 노동당 정치인들에게 이러한 것들은 한마디로 이단이었다. 그들에게 선거란 이기고 지는 게임이 아니었다. 전단, 행진, 연설, 대의명분이었다. 그러나 그것들은 사실 패배의 다른 이름이기도 했다. 좌파는 극렬하게 규탄했다. "이 당은 내가 입당했던 그 당이 아니야." 반면 언론은 호평했다. "3년 전 집권 의지마저 상실한 것처럼 보였던 노동당이 정치적 부활을 향해 긍정적인 발걸음을 처음으로 내디뎠다." 굴드로서는 기분 좋은 출발이었다.

내부의 적 좌파·노조와의 힘겨운 투쟁

1987년 선거가 다가오고 있었다.

첫인상, 첫 경험처럼 처음은 느낌이 색다르다. 두근두근 설레며 맞이하고, 오래오래 아스라이 기억된다. 처음 맞이하는 선거에 굴드의 가슴은 벅차올랐다. 기다리던 '처녀 도전'이었다. 초심자의 강점은 겁 없는 패기에 있다. 누구나 익숙하게 받아들이는 당연지사當然之事를 거부하는 신선함도 강점이다. 굴드가 그랬다. 그는 공격적인 캠페인을 일찌감치 시작해야 한다고 건의했다. 전략의 최우선 초점은 보수당 정부의 업적을 깎아내리는 것이 되어야 한다고 생각했다. 주主 전선은 키녹 대對 대처가 돼야 한다고 주장했다. 대처의 장기 집권으로 그녀에 대한 반대가 점점 늘고 있었다. 굴드는 이런 분위기를 증폭하기 위한 네거티브 캠페인도 필요하다고 강변했다. 그러나 당의 생각은 달랐다. 여론조사에서 8%포인트나 앞서는데 뭐하러 무리하느냐는 시각이었다. 방심이었다. 좌파의 견제도 한몫했다. 당은 어영부영한 채 효율적으로 움직이지 못했다.

전당대회에서 과거의 정책을 고스란히 답습했다. 사실 이것이 결정타였다. 보수당이 기다린 것이 바로 이런 빌미였다. 선거 때만 되면 보수당이 전가傳家의 보도寶刀로 휘두르는 것이 노동당의 극단주의, 세금 인상과 허약한 국방정책이었다. 이번에도 노동당이 같은 노선을 취하자 그들은 노동당의 약점을 잽싸게 파고들었다. 대대적인 공격에 나섰다. 가히 파상 공세, 융단폭격이었다. 노동당에 대한 공포감fear이 보수당에 대한 혐오감dislike을 압도하기 시작했다. '이젠 바꿀 때가 되지 않았습니까?' 노동당의 이 슬로건도 유권자들에게 과감한 행동을 촉구하기엔 임팩트가 약했다. 굴드가 대안을 제시했다. '지금 이 나라는 변화를 필요로 하고 있습니다. 노동당에 투표하십시오!' 당은 거부했다. 키녹 총재는 총리감다운 리더십을 보여주지 못했다.

노동당은 또 패배했다. 삼진 아웃이었다. 선거 패배는 육친을 잃는 고통과 비슷하다. 깊고, 길며, 공허한 상처를 남긴다. 꿈에 부풀었던 굴드로서는 정말 아픈 패배였다. 이길 수 있는 선거였기에 쓰라림은 더했다. 역설적이지만, 탓할 사람이 있으면 속은 더 상한다. 원망할 대상이 있으면 화가 더 치민다. 어리바리한 지도부, 왕배야덕배야 시끄러운 좌파가 미웠다. 그러나 어디 첫술에 배부르랴. 한 번의 패배로 절망하긴 너무 일렀다. 굴드는 마음을 다시 다잡았다. 다시 분석에 몰두했다. 왜 패배했는지, 승리를 위해서는 무엇을 해야 하는지 규명하는 데 집중했다. 결론은 변화 부족이었다. "노동당이 충분히 넓고, 빠르게 변하지 않았기 때문에 패했다.” 굴드는 지금까지 도입한 최신 선거 기법만으로 당이 변했다고 할 수는 없다는 결론도 얻었다. 기술적 차원을 넘어 머리부터 발끝까지 바꾸는 환골탈태換骨奪胎로 가야 한다고 판단했다. 이때부터 그는 보다 큰 그림을 그리기 시작했다. 선거 승리를 위한 마케팅 기법 활용을 넘어, 당 개혁을 위한 이론 개발로 나아갔다. 이제 그는 기술자가 아니라 전략가로 움직였다.

화마火魔가 휩쓸고 간 산 능선에 가보면 작은 싹들이 수줍은 듯 살포시 고개를 내미는 모습을 볼 수 있다. 온통 검은색 사이에 위태로워 보이는 파란색은 내려앉은 가슴 달래주는 희망이다. 비바람에 시달려 만신창이가 된 허름한 뱃전에 서 있던 굴드가 희미한 등대 불빛을 발견했다. 블레어Tony Blair의 등장과 만델슨의 부각이 그것이었다.

1987년 총선에서 만델슨은 엔진이었다. 굴드는 항법 장치였다. 키녹 총재의 지원으로 만델슨에게 상당한 권한이 집중됐었다. 만델슨은 의원을 비롯해 당직자들이 언론에 출연하려면 SCA를 거치게 했다. 그는 길목의 파수꾼이었다. 1987년 캠페인에서 그는 능수하고 능란했다. 때문에 그는 신화적 존재로 여겨졌다. 지지자들은 그를 천재라고 생각했다. 그러나 비판자들은 '적의에 가득 찬 꺼림칙한 마키아벨리스트', '어둠 속의 황태자'에 빗댔다. 하지만 어쨌든 선거 후 만델슨의 영향력은 더욱 확대됐다. 만델슨의 파트너인 굴드의 입지도 덩달아 탄탄해졌다.

참모가 자기 몫을 정확히 파악해 매진하는 모습은 아름답다. 반대로 사방을 두리번거리거나, 마파람에 돼지 불알 놀듯 여기저기 기웃거리는 꼴은 추하다. 굴드가 해야 할 몫은 냉철한 분석이었고, 그는 그 일에 시종일관 충실했다. 찧고 까불거나 들맞추지 않았다. 그는 오직 일에 매달렸다. 객관적이고 과학적인 근거에 입각해 문제를 파악하고, 현상을 분석했다. 그리고 검증된 사실에 기초해 대안을 모색했다. 그는 신新중산층 전략을 당의 진로로 제시했다.

> "인구통계학적인 변화를 분석하고, 이 변화가 노동당에 어떤 영향을 끼치는지 확인해야 한다. 그리고 라이프스타일과 가치 기준 및 태도가 어떻게 변했는지 살펴봐야 한다. 노동당이 통상적인 인구통계학적 기반을 넘어서는 지지를 확보하기 위해 해야 할

일이 무엇인지를 찾아내야 한다. 노동당의 전통적 지지 기반은 전체 인구에서 차지하는 비중이 점차 감소하고 있다. 그러므로 새로운 지지층을 확보해야 한다. 바로 신新중산층이다."

세상은 하루가 다르게 변한다. 그에 따라 살아가는 방식도 달라진다. 우리가 모르고 있을 뿐, 일상은 생각보다 먼저 변한다. 결국 조직이든 사람이든 일상이 저만치 앞서가는데도 모르면 도태되기 마련이다. 때문에 변화는 선택이 아니라 당위當爲다. 인구통계학적 분석은 변화의 방향을 가늠하기 위한 작업이었다.

물론 다르게 파악할 점도 있다. 하나하나의 변화에 대응하다 보면 근본이 희미해질 우려가 있다. 원칙이 흐려질 염려는 결코 기우杞憂가 아니다. 변화를 유행이라고 생각해보라. 유행을 좇다 보면 어느새 내 것이 없어지고 만다. 『장자』에 나오는 한단지보邯鄲之步가 이런 잘못을 지적하는 것이다. 아침저녁 변하는 게 인심 아니던가. 따라서 변화하자는 주장에 대한 반론은 불가피하다. 좌파는 굴드의 노선을 중산층에 항복하는 것으로 이해했다. 그들의 단언은 서릿발처럼 으스스했다. “결코 노동당을 장사꾼들에게 넘겨줄 수 없다. 우리의 오랜 정책을 여론조사 따위에 의해 폄훼貶毁해서는 안 된다.” 그들에게 굴드의 전략은 순간의 승리를 위해 영혼을 파는 야바위에 지나지 않았다. 용서할 수 없는 ‘우파 개량주의改良主義’로 받아들였다. ‘보수는 부패에서 망하고, 진보는 분열에서 망한다.’ 이런 경구가 떠오르는 대목이다. 하지만 굴드와 만델슨은 한 치도 물러서지 않았다. 썩은 기둥 골 두고 서까래 갈아댄다고 새집 되랴. 애초의 방침을 밀고 나갔다. 여론조사와 인구통계학적인 검토에 착수했다. 4개월이 소요되는 방대한 일이었다. 영국민 전체에 대한 철저하고 방대한 검시autopsy 작업이었다.

조사 결과는 놀라웠다.

보수당의 지지도는 예나 지금이나 거의 변함이 없었다. 반면, 노동당의 지지도는 20년 동안 17%포인트나 떨어졌다. 노동당은 노동계급뿐만 아니라 모든 계층으로부터 외면당하고 있었다. 노동당에 투표하는 유권자조차도 그저 습관적으로 그렇게 할 뿐이었다. 노동당 지지자의 29%는 노동당이 ‘노동계급의 정당’이기 때문에 투표했다. 20%는 항상 노동당에

찍었기 때문에 투표했다. 그러나 보수당 투표자들은 달랐다. 그들은 대처 때문에, 정부가 일을 잘하고 있기 때문에, 인플레이션을 제대로 통제하고 있기 때문에, 보수당이 경제를 운영할 줄 알기 때문에 투표한다고 했다. 단지 7%만이 습관적으로 투표한다고 했다.

국민이 노동당 지지를 철회한 첫째 이유는 극단주의였다. 둘째는 노동조합의 지배와 당의 분열, 셋째는 국방 문제, 마지막은 허약한 리더십이었다. 사람들은 노동당이 자신들의 생활수준을 떨어뜨리고, 주택과 주식을 구입할 자유를 제한할 것이라고 믿고 있었다. 그리고 한때 노동당을 지지했다가 돌아선 사람들이 노동당에 대해 가장 적대적인 태도를 취하고 있었다. 육체노동자의 수는 감소하고 있었고, 자가自家 보유자는 증가하고 있었다. 주식 보유, 민간병원, 사립학교 등이 훨씬 더 보편화하고 있었다.

국민은 대처 정부의 막대한 조세 삭감을 환영했다. 빈곤을 더 이상 중요한 사회문제로 인식하지 않았다. 부의 재분배를 위해 조세제도를 활용하는 것에 상당한 거부감을 갖고 있었다. 이들은 노동당이 집권하면 세금이 늘어날 것으로 우려하고 있었다.

당 현대화에 박차를 가하다

SCA는 당의 시급한 과제로 '정책 재검토Policy review'를 제안했다. 정책 재검토는 '여론에 귀 기울이기'라는 기치를 내걸고 출범했다. 인구통계학적 조사로 드러난 사회경제적 구조 변화에 대해 노동당이 적극 대응하는 것을 뜻했다. 과거의 정책 · 정강政綱에 대한 전면적인 재검토였다. 한마디로 정책 재검토는 낡은 정강 · 정책 · 당헌을 쓸어버림으로써 과거와 결별하는 사업이었다. 이는 SCA가 당의 근본적인 체질 개선에 나선 것이었다. 격렬한 당내 투쟁이 불가피했다. 불협화음이나 잡음을 두려워하면 개선도 없다고 생각하며 굳드는 전의를 가다듬었다.

예상대로 불평과 불만이 잇따랐다. 특히 강경 좌파 그룹이 제일 심하게 반발했다. 그러나 강경 좌파 그룹은 당 분란의 주역일 뿐 대안 제시가 없는 무책임한 집단으로 간주되면서, 당내 기반을 상실해가고 있던 터라 크게 반발하지 못했다. 하지만 가장 큰 걸림돌은 NEC였다. 당의 정책 결정은 전통적으로 좌파가 지배하는 NEC의 소관이었기 때문이다. 아무리 정책을 재검토하더라도 최종 단계에서 NEC에 의해 제동이 걸릴 우려도 적지 않았다. 그러나 잇따라 선거에서 패했는데 NEC라고 낡은 교조만 고집하기는 어려웠다. 키녹 총재의 철저한 결단과 만델슨의 적극적인 예기銳氣에 의해 정책 재검토는 2년여 동안 강력하게 추진됐다. SCA는 여론조사로 정책 재검토의 발걸음을 연신 재촉했다. 정책 재검토 결과, 노동당은 반反유럽 정책에서 탈피했다. 일방적인 핵 비非무장론도 마찬가지 운명을 밟았다. 조세정책도 손질했다. 예비 내각의 재무장관 스미스John Smith가 형벌에 가까운 높은 세율은 더 이상 없을 것임을 공개적으로 천명했다. 껄끄러운 노조 문제에 대해서도 진전을 이뤄냈다. 보수당 정부가 노조 활동을 제한하기 위한 노조 개혁안을 제안해 놓은 참이었는데, 노동당은 이 안의 일부를 수용하기로 했다.

손뼉이 마주쳐야 소리가 나듯, 싸움도 이편저편이 있어야 일어난다. 당내 우파가 추진한 노동당 현대화는 당내 좌파 및 노조와의 투쟁을 야기했다. 좌파와 노조는 지구당과 NEC 등을 구조적으로 지배하고 있었다. 이 구조를 깨지 않으면 현대화의 진전은 불가능했다. 당내 권력투쟁의 정점에 해당하는 것이

당 구조 개편이다. 당의 구조를 혁신하기 위한 시도는 당내 민주화란 이름으로 포장됐다. 하지만 현대화 세력이 집요했다면 좌파도 완강했다. 개혁은 번번이 실패했다.

승리가 만병통치약이면, 패배는 절대 명제命題다. 한 번의 패배는 실수다. 병가지상사다. 그러나 두 번, 세 번 지는 것은 구조적 문제다. 연이은 패배는 뭔가 잘못됐다는 것을 증명하는 것이다. 따라서 연패 앞에서는 그 누구도 자유로울 수 없다. 1987년 선거의 패배는 당 개혁의 추동력으로 작용했다. 덕분에 중대한 조치가 도입될 수 있었다. '1인 1표제OMOV, one man one vote'였다. 기존의 블록 투표Block Vote를 폐기하고, 당직자나 공직 후보를 선출할 때 당원 누구나 1표씩을 가지고 참여할 수 있도록 하는 것이다. 이렇게 하면 의원 후보자 선출 권한과 현직 의원에 대한 재신임 권한을 행사하는 주체가 바뀐다. 지구당의 중심적 정책 기관이며 중견 간부의 집합소인 지구당 집행위원회로부터, 지구당의 일반 당원에게로 이전하는 것이다. 블록 투표를 통해 당 통제력을 행사해온 노조의 힘을 약화시키기 위해서는 불가피한 조치였다. 이 개혁 조치는 키녹이 1983년에 도입하려

했으나 한 차례 실패한 바 있었다.

새로 도입된 1인 1표제는 우선 지구당이 의원 후보를 선출할 때 일반 당원의 투표 비중이 60%를 차지하도록 했다. 또 당 총재 등 당 지도부 선출과 NEC 선거, 그리고 당 대회에 파견할 대표자 선출과 관련해서는 지구당의 모든 개인 당원이 사전에 투표로써 자신의 의사를 표시할 수 있도록 했다. 현직 의원의 재신임 절차도 사전에 지역구 일반 당원의 과반수 요청이 있어야 비로소 시작되도록 했다. 일반 당원의 참여로 당내 좌파를 몰아내고, 총재의 리더십을 강화하는 조치였다.

이 조치로 인해 당내 인적 청산 작업은 가속화됐다. 대중은 행동을 요구한다. 손에 잡히는 증거를 원한다. 변화를 외치는 담론談論만으로는 대중의 기대를 충족시킬 수 없다. 정치에서 행동은 정책 변경에서 시작되고, 인물 교체에서 매듭지어진다. 정책 재검토와 1인 1표제는 노동당 변화의 양대 기제基劑였다.

이러한 성과에도 1987년 말, 당은 다시 광범위한 침체에 빠져들었다. 당은 내분에 휩싸였고, 총재의 리더십은 도전에 직면했다. 선거가 아직 멀었음에도 당 내외에서 다음 선거에서 노동당이 패배할 것이란 성급한 전망이 득세했다. 상황은 악화일로로 치달았다. 6월 말 실시된 한 언론의 여론조사에서 노동당은 보수당에 15%포인트나 뒤처졌다. 키녹은 대처에게 17%포인트 뒤져 있었다. 키녹이 물러날 때라는 주장이 여기저기서 터져 나왔다. 굴드는 이런 주장에 동조하지 않았다. 대안이 없었다. 그나마 키녹이 최선이었다. 오히려 만델슨과 더불어 키녹에게 강력한 리더십 발휘를 촉구했다. 그러나 달라진 것은 없었다. 일모도원日暮途遠, 갈 길은 먼데 해는 저물고…. 일락서산日落西山, 마음은 급한데 해는 떨어지고….

굴드는 권력투쟁에 끼어들지 않으려고 조심했다. 비록 현대화론의 이론가였지만 편쌈꾼이 되기는 싫었던 것이다. 노선을 분명히 하는 것과 이전투구에 개입하는 것은 다른 차원이다. 그는 언제나 조용한 몸짓으로 일관했다. 냉철한 분석으로 현대화의 갈 길을 헤쳐나가는 데에 몰두했다.

전환 없이는 팡파르도 없다

총선을 3년여 앞둔 1989년 2월, 굴드는 '신노동당

New Labour' 컨셉을 제안했다. 과거의 낡은 노동당과 단호하게 절연하겠다는 의미를 담은 구호였다. 훌륭한 발상이었다. 그러나 당내 형편을 고려할 때 아직 때가 일러도 너무 이른 것이었다. 새싹이 나고, 몽우리를 맺고, 꽃이 피고, 그런 다음 열매를 맺는다. 아이디어도 마찬가지다. 굴드의 신노동당 컨셉도 더 때를 기다려야 했다.

고진감래苦盡甘來라고 했지만, 감래甘來의 기미는 커녕 심지어 고진苦盡의 징후도 없었다. 언제쯤 고생이 끝날는지, 굴드의 답답함이야 말해 무엇하리. 그러나 그는 고통 속에서 깨닫고, 시련 안에서 단단해졌다. 신노동당 컨셉을 둘러싼 논란은 그에게 인식의 지평을 넓혀주었다. 한 가지 결론에 도달하게 된 것이다. 결국 문제는 리더였다. 강력한 개혁 리더가 등장해야만 당 현대화 작업도 신속하게 추진될 수 있다는 사실이었다.

굴드는 총선 승리를 위해선 당이 환탈換奪해야 한다고 다시 한 번 주장했다. 당내 논란을 두려워하지 말자고 외쳤다.

"사람들은 오직 노동당이 변화했다고 확신할 때만

노동당을 지지할 것이다. 오직 대담하고 선명한 변화만이 이런 확신을 이끌어낼 수 있다. 때문에 발표된 정책을 둘러싼 당내 불평은 오히려 투표 호소력을 높일 것이다. 그것이야말로 노동당이 변하고 있다는 증거이기 때문이다."

굴드가 이런 주장을 하자 대부분은 비웃었다. 어차피 이기기 어려운 선거인데 뭐하러 혼자서 용쓰느냐는 식이었다. 자멸의 독버섯, 패배주의였다. 그러나 굴드로선 결코 가만히 앉아서 패배를 기다릴 수는 없었다. 그는 정책 재검토에 착안했다. 즉, 정책 재검토 작업의 성과를 선거에 맞춰 국민 앞에 제시하는 것이었다. 만델슨은 굴드의 입장을 지지했다. 당의 모든 홍보를 정책 재검토에 맞췄다. 그 성과를 선명하게 보여주려고 노력했다. 그 결과 노동당이 변화하고 있다는 사실을 사람들이 조금씩 인식하기 시작했다. 1989년 5월의 여론조사에서, 노동당은 보수당에 2%포인트 앞섰다. 6월의 유럽의회 선거에서 노동당은 14개 의석을 늘렸다. 보수당은 14개 의석을 잃었다. 정책 재검토 홍보가 만들어낸 승리였다. 승리에 익숙해져야 승리할 수 있는 법, 이런 점에서 굴드에겐 의미 있는 소득이었다.

그러나 순항하던 정책 재검토 작업이 암초에 걸리고 말았다. 좌파가 비록 약세라고 하나 그래도 더 이상의 정책 재검토를 용인하지 않을 힘을 갖고 있었다. 예비 내각의 노동 장관이 노조 개혁을 거부했다. 그는 방송에 출연해 노조 개혁안에 반대한다고 천명했다. 그들이 정면도전의 포문을 연 것이었다. 반발은 초반에 잡아야 한다. 경질更迭이 불가피했다. 1989년 가을 블레어가 그 자리를 승계했다. 블레어로서는 처음으로 어려운 문제에 뛰어든 셈이었다. 노조 운동가와 당원 사이에 수없이 많은 적을 만들고, 끝내 주변 인물로 전락할 위험도 있었다. 그러나 리스크가 커야 이익도 큰 법이다. 위험을 회피하고, 난제를 우회해서는 리더십이 생겨날 수 없다. 블레어는 난감한 상황을 회피하지 않았다. 예민한 문제에 직접 뛰어들어 정면 승부를 걸었다. 그리고 승리했다.

"노조는 혜택이 아니라 정의를 얻게 될 것이다."

블레어의 노조 개혁에 대한 관점은 이처럼 분명했다. 블레어는 믿을 수 있고, 필요한 때 만날 수 있는 사람이 됐다. 어떻게? 그가 노조로부터 신뢰를 얻은 비결은 열린 자세였다. 블레어가 모든 주요 노조 지도자들을 방문하는 것은 보통이었다. 숱한 대화는 상례常例였다. 노조 지도자들은 블레어와 친근해졌다. 그들은 노동당을 어디로 끌고 가야 하는지에 대한 그의 단호한 입장을 잘 알게 됐다. "의미 있는 전환 없이는 팡파르도, 훈장도 없다." 블레어의 간결한 메시지였다. 1990년 9월, 노동조합 총회에서 노조 대부분은 노동관계법 개정에 블레어를 지지하기로 결정했다. 블레어로선 지도자의 반열에 오를 밑천을 확보한 승리였다. 패할 수도, 이길 수도 있다. 그러나 도전이 없으면 승리도 없다. 어부지리만 노리다간 어리바리 끝날 것이다. 블레어가 이런 교훈을 말해주고 있다.

정책 재검토를 둘러싼 당내 갈등은 점차 격해졌다. 급기야 만델슨의 축출로 이어졌다. 1988년 초부터 만델슨은 의회 진출을 열망했다. 한 사람의 정치인으로서 대중의 바다에 풍덩 뛰어들 때가 됐다고 생각했다. 소모적인 당내 투쟁으로 거의 탈진 상태에 있었기에 이런 열망은 더욱 절실했다. 자신이 밀려나고 있다고 느끼던 터였다. 그가 좌파의 표적이었던 탓에 총재 주위에서나 지도부도 그를 부담스러워 했다. 1989년 말 하틀풀 지역의 국회의원 후보로 선출되자 그는 이듬해 4월 당직에서 물러났다. 마침내 10월, 송별 파티도 없이 당무에서 완전히 손을 뗐다. 사실상 추방이었다. 이처럼 노동당의 총구는 아직 안으로 향해 있었다.

만델슨이 떠나자 굴드의 역할도 당연히 축소됐다. 만델슨의 빈자리는 컸다. 전투를 지휘할 실무 총책이 사라지자 파트너인 전략가도 힘이 빠졌다. 굴드에겐 선거 패배의 아픔보다 동료를 잃은 아픔이 더 맵고 시렸다. 이쯤 되면 보따리를 쌀 만도 하건만 굴드는 당을 떠나지 않고 버티기로 했다.

내가 잘해서 이기기도 하지만 상대가 못해서 이기기도 한다. 보수당이 내부 갈등에 휩싸였다. 대처가 밀어붙인 인두세poll tax의 악영향이 절대적이었다. 노동당은 여론조사에서 10%포인트 이상 앞서고 있었다. 내각 운영, 유럽 문제, 인두세 등을 놓고 대처 총리와 보수당 중진들 간에 표출된 갈등도 보수당의 열세를 부채질했다. 이대로 가면 총선에서 이길 수 있을 것처럼 보였다. 보수당이 최후의 카드를 내밀었다. 1990년 11월 '존경받지만 사랑받지 못하는 여인' 대처 수상을 11년 만에 퇴진시킨 것이다. 메이저

John Major가 승계했다. 보수당은 원성이 자자하던 인두세도 포기했다. 면모面貌 일신一新이었다. 그러자 너무나 당연하다는 듯이 분위기가 보수당 쪽으로 넘어갔다. 엄청난 썰물이었다. 보수당이 노동당의 최대 약점인 세금 문제를 다시 물고 늘어졌다. 노동당은 허둥댔다. 대세가 넘어가고 있었다. 그러나 노동당은 땅 띔도 못한 채 막연한 낙관에 헤벌쭉하고 있었다.

노동당은 지고 싶어 안달하는 것 같았다. 당은 혼란스러웠다. 서로 헐뜯기 바빴다. 정책 재검토는 국민이 요구하는 수준까지 나아가지 못했다. 국방정책은 바뀌었지만, 노동조합이나 국유화, 세금과 지출 등 핵심적인 부분에서는 여전히 과거에 발목이 잡혀 있었다. 이런 상황에서 결과는 너무도 자명했다. 1992년 선거에서 노동당은 또 패배했다. 연이은 네 번째 패배였다. 노동당의 득표율은 1931년 이래 최저인 34.5%였다. 정권을 빼앗긴 1979년의 38%에도 훨씬 못 미쳤다. 역사의 신은 매정하다. 준비되지 않은 자에게 결코 승리를 허락하지 않는다. 노동당은 아직 준비가 되어 있지 않았다. 그나마 다행인 것은 만델슨이 의회에 진출한 것이었다.

굴드,
미국 민주당의 선거운동을 배우러 가다

선거에서 패배하자 마치 기다렸다는 듯이 상호 비방이 시작됐다. 선거를 주도한 세력과 노선에 대한 비판이 들불처럼 일어났다. SCA를 지원해주고, 그들이 이끈 선거운동에 대해 칭찬하고, SCA와 공동으로 일하고, SCA가 하는 모든 일에 동의했던 사람들마저 등을 돌렸다. 언론도 거들었다. 말리는 시누이가 고추보다 더 매운 법이다. 비아냥대고, 이죽거렸다. 패배하지 않아도 되는 선거에서 노동당이 패배한 이유가 SCA 때문이라고 공격했다. SCA는 역적으로 몰렸다. 당의 공식 보고서에 이렇게 기술될 정도였다. "앞으로는 정치적 현실을 무시한 채 소위 승리 비법을 제공한다는 사람들에게 현혹돼서는 안 된다." 1992년 10월, 당 현대화의 전위대 SCA도 6년간의 활동을 마감했다. 무대에서 사라졌다.

굴드에게도 엄청난 비난과 모욕이 쏟아졌다. 개혁이든 승리든 다 팽개치고 싶었다. 만델슨이 전화로 격려했다. 큰 힘이 됐다. 용기가 거창한 논리에서 비롯되는 것은 아니다. 한마디 말, 따뜻한 눈짓, 그

욱한 표정만으로 충분하다. 굴드는 다시 기력을 회복했다. 다시 냉철한 분석에 착수했다. 왜 졌는지를 규명하고자 했다. 여론조사를 해보니 결과는 명쾌했다. 노동당은 여전히 노동조합의 볼모로 인식됐다. 파업과 인플레이션, 강경 좌파의 당으로 비춰지고 있었다. “우리도 노동당을 버렸지만 노동당도 우리를 저버렸다.” 이런 것이 유권자들의 생각이었다. 노동당과 유권자들은 서로 등을 돌린 채 다른 방향을 바라보고 있었다.

어떤 경우 내가 틀렸으면 하고 바랄 때가 있다. 내 결론에 따르면 험한 길을 걸어야 할 경우 그렇다. 그러나 약해지면 안 된다. 혼자만의 아집은 아닌지 덜컥 겁이 날 때도 그렇다. 허나 그렇다고 해서 주저앉으면 안 된다. 궁지에 몰린 굴드였지만 그는 자신의 냉철한 분석에 따른 결론을 포기할 수는 없었다.

> “노동당이 승리하기 위해선 완벽하게 변해야만 한다. 당명 변경을 비롯한 모든 대안을 검토해야 한다. 노동당은 너무 많이 변해서 패배한 것이 아니라, 너무 적게 변해서 패했다.”

사실을 면밀히 따져봄으로써 자신의 생각이 옳다는 것을 새삼 확인했다. 그러나 그것이 그를 더 허탈하게 했다. 몰라서 졌으면 분하지는 않을 텐데…. 이럴 때는 잠시 떠나 머리를 식히는 것도 괜찮다. 굴드는 한숨 돌리고, 외국의 캠페인에 대해 공부도 할 겸 미국으로 건너갔다. 클린턴의 선거운동본부가 있는 리틀록으로 향했다. 마음은 편치 않았다. 선거에서 패배하고, 당에서 불신임 받은 캠페이너campaigner라는 자괴감 때문이었다.

그러나 그는 기대 이상의 환대를 받았다. 그들이 말했다. "여기 있는 모든 사람은 대통령 선거에서 두세 차례 이상 패배한 경험이 있다. 패배에서 무엇을 배우느냐가 중요하다. 우리는 당신에게서 배우고 싶다." 클린턴 캠프는 화목한 분위기였을 뿐만 아니라 놀랄 정도로 효율적이었다. 부시를 짓밟아버릴 만큼 거칠고, 잘 조화되고, 자기 확신으로 가득 찼다. 다른 세계에 들어선 느낌이었다.

미국 공화당은 영국 보수당의 캠페인 기법을 벤치마킹하고 있었다. 보수당의 기법은 굴드에게 너무나 익숙한 것이었다. 막판 뒤집기의 쓰라린 경험을 이미 당해본 그였다. 선거 5일 전 굴드가 절박한 심정으로 조언했다.

> “부시의 실정에 대한 국민의 분노를 다시 한 번 환기시키고, 부시의 재집권에 대한 공포감을 극대화해야 합니다. 일반 국민이 클린턴에 대해 갖는 불안감을 극복하는 유일한 방법은 부시에 대한 공포감을 자극하는 것입니다. 따라서 남은 며칠 동안 부시의 실정을 집중 부각하는 방식으로 전환해야 합니다. 최대한 공격적으로 거칠게 몰아붙이세요.”

클린턴은 승리했다. 1992년 클린턴의 선거는 진보 세력이 승리할 수 있는 방법을 보여주었다. 승리 체험을 통해 다시 전의로 무장한 굴드가 다시 런던으로 돌아왔다. 그는 클린턴의 선거운동을 요약하고, 노동당의 전략적 방향을 제시한 보고서를 당 지도부에 제출했다. 노동당은 앞이 아니라 뒤를 보고, 주류가 아니라 소수를 위하고, 경제를 적절하게 운영할 수 없는 당으로 받아들여지고 있다고 지적했다.

굴드는 다시 한 번 당의 근본적인 변화를 요구했다.

> “정치적으로 노동당은 ‘일하는 보통 사람들’의 욕구에 적절히 연계될 필요가 있다. 이것은 평범한 유

권자들의 삶을 곤란한 입장에 방치하는 것이 아니라 향상시키는 것에 결부돼야 한다. 이것이 '신대중주의new populism'이다. 노동당은 과거에 속박된 당에서 미래로 나아가는 당으로 전환함으로써 새롭게 대중에게 다가갈 수 있다. 변화된 노동당만이 영국 유권자들과 새로운 신뢰 관계를 구축할 수 있는 기반이다. 그리고 이 변화는 대중 앞에 명백하게 드러나는 것이어야 한다. 노동당이 자기 스스로 자신을 변화시키고 있음을 공개적으로 천명할 때까지는 아직 완전하게 변화한 것이 아니다."

키녹이 물러나고 존 스미스가 총재직을 물려받았다. 그는 개혁파였다. 예비 내각의 재무장관으로 정책 재검토를 사실상 주도했던 그였다. 그러나 총재로서 그는 우유부단했다. 연이은 선거 패배, 1인 1표제의 도입 등으로 좌파가 세를 잃어가고 있었다. 그럼에도 그는 당내 단합이란 미몽迷夢에 빠져 있었다. 그의 논리는 새가 날기 위해선 좌우 날개의 균형이 필요하다는 것이었다. 하지만 그것은 절충이요 미봉이었다. 애매曖昧도 극단만큼 위험한 것이다. 당 현대화 작업은 주춤거렸다. 개혁이 내용이라면 리더십은 그것을 담는 형식이다. 스미스는 당 현대화를 이끌 지도자로는 깜냥이 부족했다.

이런 와중에도 블레어와 그의 평생 동지 고든 브라운Gordon Brown은 열심히 성장하고 있었다. 블레어는 '법과 질서' 이슈에서 보수당을 압도했다. 브라운은 세금과 경제정책들을 현대화하고 있었다. 비록 여론조사에서 노동당이 앞서고 있었지만, 그렇다고 흔들림 없이 승리로 나아가고 있는 것은 아니었다. 블레어와 브라운은 이 사실을 알고 있었다. 스미스가 당 개혁에 분명한 입장을 취하도록 노력했으나 받아들여지지 않았다. 그들은 분통을 터트렸다. 굴드도 숨이 막히긴 마찬가지였다. 춘래불사춘春來不似春이라, 아직 때를 기다려야 했다.

스미스 총재의 개혁 드라이브가 지지부진하긴 했지만, 하나의 진전은 있었다. 노조가 당 대회에서 행사하던 투표 지분을 단체 당원의 비율과 무관하게 70%로 제한한 것이다. 나머지 30%를 지구당의 일반 당원이 행사하도록 했다. 총재·부총재 선출을 위한 선거인단 구성에서도 노조·의회 노동당·지구당 지분이 1/3씩 배정되도록 해 노조의 지분을 40% 선에서 더욱 축소했다. 의원 후보자 선출을 위한 지역 선거인단과 당 대회에서 관례적으로 용인되던 노조의 블록 투표제를 폐지하고 완전한 1당원 1표제를 도입했다. 이로써 노조의 힘은 결정적으로 약화됐다.

어느 순간 물살이 빨라지는 게 역사다. 스미스 당수가 갑작스럽게 사망했다. 바빠졌다. 현대화 세력은 당을 완전 장악할 수 있는 기회로 받아들였다. 당권을 잡고 당 개혁을 더욱 힘차게 밀어붙이면 총선 승리가 손에 잡힐 수 있다고 생각했다. 당연히 현대화 세력의 적자인 블레어와 브라운 간의 후보 단일화가 초미의 관심사로 떠올랐다. 당 내외 시선은 자연스레 이들의 일거수일투족에 쏠렸다.

블레어가 이론가 브라운을 압도하다

블레어와 브라운은 1983년 총선에서 30대 초반의 나이로 처음 의정 단상에 진출했다. 그 후 그들의 발전은 눈부신 것이었다. 블레어는 53년생, 브라운은 51년생으로 이른바 '68 학생운동' 세대다. 1987년 선거까지만 해도 그들은 그저 스쳐가는 인물에 불과했다. 그러나 선거가 끝나자마자 그들은 중심적 위치로 부상했다. 정책 재검토 과정에서 보여준 능력은 발군이었다. 블레어와 브라운은 참신성의 상징으로 보였다. 대중의 마음을 사로잡는 능력이 있었다. 특히 블레어는 합리적 설명을 초월해 대중과 교섭할 줄 아는 능력을 갖추고 있었다. 지도자에게 논리는 때로 구속이고, 장애다. 너무 논리에 구애될 필요 없다. 지도자는 논리보다 열정을 가져야 한다. 정서적으로 대중과 호흡하는 능력을 갖춰야 한다. 블레어에겐 이런 자질이 충분했다. 이런 자질이 블레어가 지도자로 부상하게 된 결정적 요인이었다.

1992년, 그들은 나란히 노동당 내 권력 기반의 결정판이라고 할 NEC 위원으로 선출됐다. 두 사람 가운데 브라운이 언제나 한발 앞서갔다. 1992년 예비내각 선거에서 브라운은 1위, 블레어는 2위였다. NEC 선거에서는 브라운이 3위, 블레어는 턱걸이 7위였다. 브라운은 출신 지역이 같다는 이유로 스미스의 총애까지 받았다. 블레어와의 관계에서도 브라운은 일종의 스승이었다. 브라운이 말하면 블레어는 듣는 편이었다. 둘이 함께 호주로 휴가를 갔을 때, 그들을 지켜본 호주 정치인이 이렇게 평했다. "블레어 편에서 먼저 브라운의 정치적 깊이와 크기가 앞선다는 사실을 받아들이는 것처럼 보였다. 여기 있었던 기간 내내 블레어는 브라운에게 경의를 표하며 양보했다."

블레어가 지도자 후보로서 부상했음에도, 여전히 그의 앞에는 브라운이 현대화 세력의 대표로서 버티고 있었다. 블레어가 예비 내각의 내무 장관으로 성장 가도를 달리고 있긴 했다. 하지만 현대화 세력의 희망은 여전히 예비 내각의 재무장관인 브라운이었다. 만약 브라운이 추락하면, 당을 현대화하려는 모든 기대도 함께 사라질 것으로 생각될 지경이었다. 1992년까지는 틀림없이 그랬다.

굴드는 블레어보다 브라운과 더 친했다. 그가 브라운에게 이끌린 것은 단순히 정치적 필요성 때문이 아니었다. 그를 만날 때면 마음이 편했기 때문이었다. 그는 언제나 더 많은 무엇을 요구했다. 더 많은 아이디어, 더 많은 노력, 더 많은 리서치 등등 분석가가 선호하는 것들이었다. 반면, 블레어는 덜 편했다. 그는 사교성이 떨어졌다. 작은 이야기들에는 도통 관심이 없었다. 그의 관심은 거대한 것이었다. 노동당이 제대로 하고 있는지, 수권受權 준비를 갖췄는지 등이었다. 그는 상대방이 듣고 싶지 않은 어려운 질문을 해대고, 분명한 대답을 듣고자 하는 버릇이 있었다. 답이 떨어지지 않는 문제에 대한 질문은 언제나 곤혹스럽다. 굴드가 브라운에게 더 끌린 것은 인지상정이었다.

1992년을 기점으로 블레어는 브라운을 추월하기 시작했다. 블레어는 비상한 통찰력으로 이러한 흐름을 정확하게 포착하고 있었다. 지도자로 성공하려면 두 가지 계기가 적시에 만나야 한다. 기회를 포착하는 재능과 재능을 실현할 기회가 그것이다. 기회가 왔을 때 그것을 잡아챈 블레어의 재능은 놀라운 것이었다. 선택의 순간이 왔다. 그는 순식간에 자신을 승자로 만들어버렸다. 대학 시절 록 밴드를 이끌던 '날라리' 블레어가 68운동의 대표적 이론가 브라운을 넘어선 것이다. 역시 지도자의 자질은 설명할 수 없는 그 무엇이다.

출마를 앞두고, 블레어는 자신보다 브라운이 앞선 순위라는 세간의 인식 때문에 잠시 고민했다. 그러나 곧바로 자신이 나서야 한다는 결론에 도달했다. 하긴 리더가 되는 데 순서란 게 있을 리 만무하다. 블레어의 전략은 이랬다. 먼저 출마를 선언한다. 그리고 현대화 세력의 후보는 1명이어야 한다는 입장을 피력한다. 내가 물러나는 일은 있을 수 없다고 단언한다. 브라운이 총재 경선에 나설지는 브라운 스스로 결정할 문제다. 합의에 의한 단일화는 없다. 블레어 전략의 장점은 순식간에 브라운을 수세에 몰아넣은 것이었다. 브라운으로선 출마가 자칫 분열 행위로 비칠 우려마저 생긴 꼴이었다. 짧은 순간에 블레어의 출마는 기정사실, 브라운의 양보는 의무가 돼버렸다. 브라운은 만델슨이 배후에서 블레어를 돕고 있다고 의심했다. 키녹이 압력을 넣고 있다고 생각했다. 현대화파派의 맹장들이 블레어를 지지하자 의심꾸러기마냥 의심은 더욱 커졌다. 단일화가 무산될 수도 있는 중대 기로였다.

우정을 지키고, 대의에 따를 것인가. 아니면 염원대로 출마를 강행할 것인가. 굴드도 선택을 회피할 수 없었다. 개인적으로는 브라운과 훨씬 친했기에 브라운의 손을 들어주는 게 당연해 보였다. 하지만 웬걸 그는 블레어를 선택했다. 국민 정서를 감안하고, 변화와 새로운 시작을 위해서는 블레어가 적임자라고 판단했다. 요컨대, 블레어가 더 참신하고 역동적으로 보인다는 게 이유였다. 역시 냉철한 분석의 굴드다운 선택이었다.

“스미스 총재의 사망 이후 노동당의 유일한 전략적 기회는 노동당이 변화를 선도하는 정당, 역동적인 정당이 되는 것이다. 이러한 사실은 국민 정서나 당내의 당원 다수가 인정하고 있다. 지금 이 순간, 블레어만이 윌슨 이후 그 어떤 노동자 지도자들보다 완벽하게 이러한 분위기에 적합한 인물이다. 브라운은 스미스와 블레어 사이의 임시 지도자에 불과할 따름이다. 요컨대, 지금 이 순간에는 모든 전략적 결정이 국민 정서와 당내 분위기의 기초 위에서 내려져야 한다.”

양자 간의 대립은 깊어져 갔다. 서로 상대방이 사퇴할 것이란 기사를 만들어내느라 혈안이 됐다. 블레어는 브라운을 계속 압박했다. “내가 용퇴하는 일은 있을 수 없으며, 따라서 상처 입고 분열하는 경선을 강요할 것인지 여부는 브라운의 선택에 달렸다.” 자칫 분열로 자멸할 우려마저 제기될 정도로 상황은 악화됐다.

마침내 둘이 만났다. 다음날 브라운은 불출마를 선언했다. 개인적 야심보다 노동당의 승리를 위한 대승적 결단이었다. 남은 것은 우아한 그림의 연출이었다. 두 사람이 담쟁이넝쿨로 둘러싸인 하원 분수대 주변을 함께 거니는 장면이 보도됐다. 어깨를 나란히 하고 정담을 나누는 모습은 연장자가 멋있게 양보한 것처럼 보였다. 보기 좋은 그림이었다. 홍보의 성과였다. 브라운은 블레어의 총재 출마 연설문까지 손수 작성하는 의리를 보여주었다.

총재 경선팀이 구성됐다. 다른 사람들을 의식해 공개적으로 움직이지는 않았지만 역시 총지휘자는 만델슨이었다. 굴드도 합류했다. 1994년 7월 21일, 블레어는 57%의 득표율로 당선됐다. 마침내 41세의 패기만만한 블레어가 총재에 선출됨으로써 좌파 및 과거와의 투쟁은 종료됐다. 젊고 힘 있는 당으로 탈바꿈했다. 굴드로선 천신만고 끝에 얻은 기회였다. 10년 동안 싸우면서 검증해온 이론과 전략을 온전하게 실현할 기회가 마침내 온 것이었다.

‘블레어 효과’를 선거 승리의 핵심 요소로

굴드는 경선 이후에도 블레어와 함께 일했다. 블레어가 말했다. “과거의 노동당 당수는 타협했기에 패배했다. 나는 패배하고 정치를 떠날지언정 영합하지는 않을 것이다.” 굴드가 말했다. “총재께서 앞으로 2년 동안 일관되고, 명료하며, 단호하고, 정직하다면 승리할 것입니다.” 블레어는 본능적으로 어떤 상황, 어떤 사상, 어떤 사람이든 금방 본질을 파악하고, 곧장 핵심을 찌른다. 결과에 상관없이 자신의 직관에 따른다. 때문에 때로는 완고하고 융통성이 없는 것처럼 보이기도 한다. 이런 점에서 냉철한 분석을 특장으로 하는 굴드는 블레어에게 더없이 소중한 참모였다. 둘은 보스와 참모로서 절장보단截長補短의 관계였다.

굴드는 변화 전략을 제시했다. 37~39%의 기존 고정표를 다지는 공고화 전략에서 벗어나, 새로운 계층으로 접근해 42~43%를 얻어 승리하는 것이 변화 전략의 골자였다. 그 요체는 변화와 대중주의를 결합한 신노동당 창출이었다. 변화는 정책 수정과 지도자의 모습을 잣대로 대중에 체감된다. 대중주의는 보통 사람들의 열망을 얼마나 정책과 리더십이 수용하느냐는 것이다. “정당의 토대는 대중이며, 이념이 아니라 대중의 실질적 이해와 요구를 반영하는 정당이 되어야 한다.” 일찍이 굴드가 제안한 신노동당 컨셉이 단순한 담론을 넘어 비로소 당의 새로운 정체성으로 자리 잡기 시작했다.

굴드는 블레어를 홍보의 핵심 테마로 삼았다. 소위 '후보 요인candidate factor'에서 경쟁 우위를 확신한 까닭이었다. 블레어에게는 "신선하고, 변화 의식이 있으며, 자기 확신이 있다는 점에서 일종의 다른 유형의 정치인"이라는 강점이 있었다. 경쟁자 메이저는 유약하고, 소심해 보였다. '이미지 피로증症'을 노정露呈하고 있었다. 둘 사이의 경쟁에 초점을 맞추는 것은 노동당에 훨씬 유리한 구도였다. 이처럼 굴드가 '블레어 효과Blair effect'를 선거 승리의 핵심요소로 배치한 것은 탁월한 선택이었다. 정책에 대해서도 고삐를 늦추지 않았다. 더 변화할 것을 요구했다. "국민들은 정권이 바뀌어야 한다고 생각하면서도 노동당을 충분히 신뢰하지 않고 있다. 보수당에 식상했지만 노동당에 대해서는 노조, 세금 등을 이유로 여전히 공포감을 갖고 있는 게 사실이다."

1995년 4월, 블레어의 등장으로 상승하던 분위기는 조금씩 악화됐다. 반전의 돌파구가 필요했다. 굴드는 당헌 제4조의 수정을 촉구했다. 당헌 제4조는 생산, 분배, 교환 수단의 공공 소유를 당의 목표로 명시한 사회주의적 조항이었다. 당헌 제4조 수정은 노동당의 변화를 가늠하는 시금석이었다. 당헌 제4

조 개정에 대한 관심이 고조됐다. 정치인과 유권자 간의 직접 접촉을 뜻하는 쌍방 소통이야말로 민주정치의 골간骨幹이다. 블레어는 당원들과 직접 접촉하기 시작했다. 당헌 제4조 개정안이 우여곡절 끝에 완성됐다. 신新당헌 제4조는 역동적 시장경제, 경쟁원리 등을 지지했다. 1995년 4월 임시 전당대회에서 당헌 제4조 개정안은 65%의 지지 속에 통과됐다. 드디어 구舊노동당의 심장이 제거된 것이었다. 노동당에서 사회주의는 죽었다.

그러자 노동당의 상승세가 다시 뚜렷해졌다. 그러나 굴드는 끊임없이 변화할 것을 요구했다. 즉, 노조의 손아귀에서 놀아나고, 세금을 인상하고, 범죄나 국방 문제에 허약하게 대응한다는 낡은 이미지에서 탈피할 것을 요구한 것이다. 굴드는 또 그 변화를 지속적으로 국민들에게 공개할 것을 요구했다. 변화된 정책을 국민이 인식할 수 있도록 반복적으로, 꾸준하게 확인시켜줘야 불신을 털어낼 수 있다는 것이다.

문제는 다시 정책이었다. 굴드는 강력한 정책 드라이브를 주문했다.

"주요 이슈에 대한 새로운 정책 공세가 필요하다.

말만으로는 불충분하다. 말로서는 유권자들의 냉소주의와 저항을 극복할 수 없다. 말을 넘어서 행동으로 나아가야 한다. 즉, 정책 프로그램을 제시하고, 당내 반대를 제압하고, 당 전체의 지지를 획득해야 한다."

블레어가 굴드의 제안을 수용했다. 강력하게 밀어붙이기 시작했다. 그리고 마침내 1996년 7월 『영국의 재생New Life for Britain』이란 이름의 정책 자료집이 탄생했다. 정책 공세는 1997년의 정책 자료집 『미래의 영국 창조Leading Britain into the Future』로 이어졌다.

굴드가 가장 우려한 노동당의 아킬레스건은 세금 이슈였다. 보수당이 선거 때마다 터트린 폭탄의 뇌관이었다. 그것은 '세금을 올리고, 재정 지출을 늘리는' 노동당의 낡은 이미지를 타파하는 문제였다. 이것은 단순히 선거 전략 · 전술적 차원의 문제가 아니었다. 대처가 이식한 신자유주의 노선을 수용할 것이냐, 혹은 예의 사회민주주의 복지국가 노선으로 갈 것이냐 하는 원칙의 문제였다. 결국 어느 노선을 취하느냐에 따라 집권 후 국가 운영 기조가 달라지기 때문이었다.

18년 만에 완벽한 승리를 일궈낸 굴드

1996년 5월부터 노동당이 먼저 포문을 열었다. 광고를 게재했다. 보수당이 세금을 인상했다며 공격했다. 노동당이 세금 인상 자체를 공격한 것부터가 변화였다. 그러나 끈질기고 악착스러운 것이 고정관념이다. 어지간해서는 좀처럼 바뀌지 않는 것이 타성적 사고다. 여전히 '구관이 명관'이라는 인식이 끈질기게 노동당을 괴롭혔다. 게다가 11월부터 보수당이 반격을 개시했다. 으레 하던 그대로 노동당은 세금을 올리는 정당이라는 공격이었다. 그들은 보통 가구가 1년에 1,200파운드의 세금을 더 내야 하는 것이 노동당의 공약이라고 혹평했다. 하지만 노동당은 이제 과거의 노동당이 아니었다. 노동당은 즉각 반격했다. 보수당 정권이 1992년 이후 22회나 세금을 올렸고, 보수당 정권 하에서 한 가구당 2,120파운드의 손실을 입었다고 공격했다. 노동당의 공격이 효과를 발휘하기 시작했다. 이로써 노동당은 세금 이슈에서도 승기를 잡아나갔다.

남은 과제는 노동당의 독자적인 조세 플랜tax plan을 제시하는 것이었다. 1997년 1월, 브라운이 조세

플랜을 밝히는 자리에서 선언했다. "노동당은 기본 세율이나 최고 세율을 결코 인상하지 않겠다." 보수당으로선 결정적인 무기, 전가의 보도를 잃어버린 꼴이었다. 3월, 세금 이슈에서 노동당은 보수당보다 11%포인트 앞선 지지를 획득했다. 1992년에는 상상도 못했던 세금 전쟁에서의 승리가 현실로 나타난 것이었다.

1997년 3월 총선 일정이 발표됐다. 굴드의 가슴은 두근두근 뛰었다. 또 조마조마 겁이 났다. 지는 것이 어느새 습관이 돼 새가슴이 된 것일까. 두려움과 기대가 동시에 온몸의 실핏줄을 타고 돌면서 팽팽한 긴장감을 가득히 채워놓았다. 선거운동 초반에 드러난 여론조사 결과는 노동당이 평균적으로 약 22%포인트 앞서고 있음을 보여주었다.

5월 1일 총선이 치러졌다. 결과는 노동당의 대승, 엄청난 대승이었다. 총 659석의 하원 의석 가운데 노동당은 하원 의장을 제외하고서도 418석을 얻었다. 1992년 총선보다 무려 146석이나 더 많은 의석을 확보했다. 노동당이 확보한 44%의 득표율과 1,350만의 득표수는 5년 전 선거에 비해 각각 8%포인트와 200만이 많은 수치였다. 보수당이 얻은 165석은

1906년의 157석 이래 가장 낮은 기록이었다. 31%라는 득표율 역시 1832년의 29.4% 이래 최저 수준이었다. 굴드가 목표한 수치와 노동당의 실제 득표율은 단 1% 포인트의 오차밖에 나지 않았다. 그만큼 굴드의 냉철한 분석은 정확했다.

꿀맛 같은 승리! 굴드가 노동당에 들어간 지 13년 만이었다. 경험 없는 풋내기로서 패배와 질시를 견뎌내긴 쉽지 않았을 것이다. 그러나 그는 잘 참아냈다. 엄청난 압박과 수모를 당하면서도 자신의 소신을 굽히지 않았다. 시종일관 노동당 개혁과 정치 지형 재편이란 목표에 충실했다. 그리고 마침내 승리를 만들어냈다.

블레어 그룹의 2인자는 브라운이었다. 최측근 참모는 만델슨과 캠벨Alastair Campbell이었다. 그러나 전략 개발의 이론가는 단연 굴드였다. 당을 개혁하고, 지도자를 전면에 내세우고, 강력한 정책 드라이브를 펼침으로써 다수 진보 연합progressive majority coalition을 새롭게 편성한 것은 굴드의 전략이었다. 이 연합은 2009년 현재까지 노동당이 장기 집권하는 기반이 됐다. 이런 점에서 굴드는 신노동당 건설의 브레인이라 하겠다.

나폴레옹에게 물었다.
"누가 최고의 전략가입니까?"
나폴레옹이 대답했다.
"승자다!"

역사에는 정답이 없다. 단지 선택만 있다. 굴드는 자신이 옳다고 생각한 선택에 충실했다. 이기기 위한 수단으로서의 변화가 아니라 뿌리까지 변화해야 이길 수 있다고 생각했다. 끝내 승리했고, 그는 최고의 전략가가 됐다. 그는 냉철한 분석으로 현대화의 실천적 좌표를 설정하고, 실행 프로그램을 짰다. 그가 기여한 현대화 노선이 정말 영국 국민에게 삶의 향상을 가져다주었는지는 아직 두고 볼 일이다. 어떤 결과가 나오든, 굴드라는 참모가 13년 동안 노력해서 승리를 만들어냈다는 것이다. 그 승리가 아직도 계속되고 있다는 것이다. 18년 만의 정권 교체와 10년이 넘는 장기 집권, 이 정도면 일급 참모 아닌가.

굴드의 참모 멘토링mentoring

- 참모는 평정심composure을 잃지 않아야 한다. 차가운 이성이 늘 마음의 평정을 유지하도록 해야 한다. 그러나 냉혈은 나쁘다. 참모는 또 뜨거운 심장을 가져야 한다. 그러나 버럭 신경질을 잘 내는 버릇, 간벽癎癖은 좋지 않다.

- 자신을 알고, 자기 일에 충실하라. 내가 잘하는 일을 해야 한다. 그리고 그 일만큼은 천재지변이 닥쳐도 완수해야 한다.

- 시작했으면 끝을 보는 게 좋다. 세상에 쉬운 일이 어디 있으랴. 죽을 만큼 힘들 때에도 포기하지 말라. 잠시 쉬었다가 다시 시작하라. 그러면 새로운 지평이 열릴 것이다.

- 영혼 없는 기술자가 되지 말라. 우스워지거나, 비참해진다.

- 역지사지易地思之하라. 그러나 송양지인宋襄之仁은 맹하다. 일이관지一以貫之하라. 그러나 교주고슬膠柱鼓瑟은 둔하다. 매진일로邁進一路하라. 그러나 우공이산愚公移山은 심하다.

참모 리더십이 조직의 성패를 좌우한다

참모는 모謀에 참여하는 사람이다. 모는 뭔가. 사전에 나오는 모의 뜻이다. 지략, 계략, 계책, 본보기, 꾀하다, 도모하다, 모색하다, 묻다, 살피다, 의논하다, 상의하다, 속이다, 모이다, 접촉하다 등 다양하고 많다. 모의 여러 가지 뜻 중에서 단 한 가지라도 걸치지 않는 사람은 없다. 그러므로 모든 사람이 참모다. 또 모의 여러 뜻은 참모의 기능을 말해준다. 결코 뒤에서 획책하는 것이 모가 아니다. 참모의 일은 세상 사람 누구나 하는 것이다.

극소수의 사람을 제외하면, 거의 모든 사람은 참모이면서 리더다. 과장이면 그 과에서는 리더이지만, 부장의 참모다. 모든 직원은 CEO의 참모다. 그 CEO도 회사의 주인인 주주의 참모다. 평사원이 집에서는 리더인 경우가 많다. 남자라면 특히 그렇다. 조직에서 평직원이 산악회, 축구회 같은 동우회나 친목 모임에서 리더인 경우도 허다하다. 이처럼 리더나 참모는 역할 개념이기 때문에 고정된 것이 아니다. 스스로를 하나의 역할에 가두지 않는 것이 좋다. 참모 역할에 대해 잘 알면 리더 역할을 더 잘할 수 있다. 리더 구실에 대해 정통하면 참모 구실을 더 잘할 수 있다.

여기 기획팀이 있다. 팀장은 리더다. 따라서 리더십은 당연히 팀장의 몫이다. 팀원은 참모다. 그들은 팀장의 리더십에 잘 따르기만 하면 된다. 이른바 팔로우십followship이다. 과연 그런가? 한마디로 웃기는 이야기다. 팀장은 한 사람이고, 팀원은 다수다. 1인을 제외한 모든 이의 능력을 사장死藏하는 허망한 논리다. 리더십은 절대로 리더의 전유물, 그만의 특권이 아니다. 어떤 자리에 있든, 어떤 직급이든 누구나 리더십을 발휘할 수 있다. 리더십에는 리더의 리더십과 참모의 리더십 두 가지가 있다. 리더십 있는 팀원이라면 얼마든지 리더를 압도할 수 있다. 아니 해야 한다. 이것이 참모 리더십이다.

참모 리더십은 보스보다 먼저 생각하고, 리더보다 멀리 내다보고, 상사보다 재빠르게 움직이는 것이다. 리더십 있는 참모가 리더를 옳은 방향으로 움직이게 유도한다. 그럼으로써 전체에게 혜택이 돌아가는 승리를 일궈내는 것이다. 참모에겐 결정권이 없다는 것이 제약인 것은 사실이다. 그러나 그것 때문에 스스로를 위축하고, 행동을 자제하고, 생각마저 줄일 필요는 없다. 그런 사람에게 발전이나 미래는 없다. 주제넘은 놈이 성공하고, 당돌한 놈이 승리한다. 항상 지금의 나보다 높은 직급의 관점에 익숙해져야 한다. 직급이나 직책에 구애받지 말고 능동적으로 사고하고, 주체적으로 판단하고, 적극적으로 행동해야 한다. 누구든 참모 리더십을 발휘해야 성공할 수 있다. 어느 조직이든 참모 리더십을 활성화해야 승자가 될 수 있다.

참모는 부하나 한낱 졸개가 아니다. 참모를 단순히 보스에게 속한 부속품, 혹은 종복從僕 내지는 마름 정도로 여기는 건 잘못이다. 혼자 잘난 사람 없고, 나 홀로 성공한 사람 없다. 보스와 참모는 역할과 기능만 다를 뿐 대등한 파트너다. 어쩌면 더 중요한지도 모른다. 『삼국지』를 읽어도 유비보다 참모 제갈공명이 더 멋있다. 손권은 육손이나 주유 덕에 버텼다. 도요토미 히데요시와 도쿠가와 이에야스 간의 대결에서 더욱 흥미로운 것은 이시다 미쓰나리와 혼다 마사노부가 펼치는 참모 간의 지략 대결이다. 시인詩人을 영어로 음차音借하면 see in이 된다고 한다. 속을 들여다보는 사람이라…, 제법 그럴싸하다. 참모를 음차하면 charm mo'가 된다. mo'는 more의 준말이다. 결국 참모는 더 매력적인 사람이 된다. 재미 삼아 말놀이한 것이긴 하지만 그래도 진면목을 잘 드러내주는 것 같다.

왜 참모에 대해 주목해야 하나.

간단하다. 모두가 참모이기 때문이다. 어떤 조직에서든 극점의 한 명을 제외하면 모두 참모다. 직급이나 직책에 상관없이 부여되는 역할이다. 그러니 참모에 대해 관심을 갖지 않는 게 이상하다. 이유는 또 있다. 역사상 숱한 성공 스토리, 승리 드라마가 참모에 의해 주도됐다. 멍청한 리더조차도 참모를 잘 만나 이름을 드높이게 된 경우가 허다하다. 거의 모두가 참모이고, 참모가 결정적 역할을 한다는 엄연한 사실을 두고, 리더와 그의 리더십만 열심히 공부하는 것은 바보짓이다. 남의 다리 긁는 것이다. 따라서 이제는 리더로서의 리더십뿐만 아니라 참모로서의 리더십에 주목해야 한다.

참모 리더십에서 주목해야 할 또 다른 측면이 있다. 바로 스태프 마인드staff mind다. 내 주위의 참모들을 잘 활용하는 것이다. 나아가 비록 내 참모가 아닐지라도 내 주위에 있는 많은 사람, 각양각색의 군상을 내 참모로 활용하는 것이다. 반대의 경우도 있다. 내가 보스에게 최고의 참모가 되는 것이다. 나아가 설사 보스－참모의 사이가 아니더라도 그의 참모로서 역할 해주는 것이다. 내 참모를 잘 활용하고, 그의 참모가 돼주는 것이 스태프 마인드다. 인생을 성공으로 이끄는 비결이다.

이러한 태도가 참모에 대한 과도한 예우인가? 그렇지 않다. 불후의 명작 『사기』를 남긴 사마천은 참모 혹은 2인자를 정당하게 대접했다. 대표적인 것이 안자晏子에 대한 언급이다. "오늘날 안자가 살아 있다면, 나는 그를 위해서 말고삐를 잡는 마부가 되어도 좋을 만큼 흠모한다." 안자는 제나라 영공 · 장공 · 경공을 50년에 걸쳐 도운 참모다. 관자管子에 대해서도 칭찬을 아끼지 않았다. "군주의 잘한 점을 좇아 더 잘하게 하고 잘못된 점은 바로잡아주어야만 군주와 신하가 서로 친해질 수 있다고 했는데, 이것이 어찌 관자를 두고 하는 말이 아니겠는가?" 관자는 제환공을 춘추시대 천하의 패자로 만든 그의 40년 참모다.

당 태종 이세민은 자신을 도운 방현령房玄齡과 위징魏徵에 대해 이렇게 말했다. "나를 도와 천하를 평정하고 온갖 고난과 어려움 속에서도 사방으로 다니며 전력을 치른 공로로 말하자면 방현령만 한 사람이 없다. 국가에 충성을 다하면서 수많은 지모와 정략을 내어 규간規諫함으로써 천하를 안정시키고 백성을 복되게 했으며 짐으로 하여금 오늘날의 대업을 이뤄 천하의 칭송과 명망을 얻게 한 공로로 말하자면 위징만 한 사람이 없다. 옛날의 어떤 치국현신治國賢臣도 이 두 사람을 능가하지 못할 것이다."

미국 대통령을 지낸 트루먼의 자신의 참모 마셜G. C. Marshall에 대한 평은 또 어떤가. "내가 죽으면 마셜이 나를 자신의 부관으로 임명해 그가 나를 위해 했던 일들을 내가 그를 위해 할 수 있게 되기를 진심으로 바란다." 마셜은 트루먼 밑에서 국무 장관, 국방 장관을 지냈다. 모택동을 도운 주은래에 대해 닉슨은 이렇게 평가했다. "모택동이 없었다면 중국의 혁명은 결코 불붙지 않았을 것이다. 하지만 주은래가 없었다면 그 불길은 다 타서 재가 되고 말았을 것이다." 참모의 역할은 이처럼 위대하다. 몸을 낮춰 헌신하는 것이기에 더 아름답다.

여기 9개의 점이 있다. 4개의 직선을 연속해서 그어 9개의 점을 모두 관통하는 방법은 무엇일까. 단, 선을 긋다가 종이에서 펜을 떼면 안 된다. 힌트는 눈에 보이는 것에만 집착하지 말라는 것이다. 이 문제에 유능한 참모의 비결이 있다.

축록자 불견산逐鹿者 不見山, 사슴을 쫓는 자는 산을 보지 못한다는 말이다. 축록자가 보스다. 열심히 사슴을 쫓느라 전후좌우를 살필 겨를이 없다. 견산자見山者가 참모다. 사방을 두루 살펴야 한다. 바둑이나 장기의 훈수처럼, 참모는 보스와 적당한 거리를 두고 대국을 조망해야 한다. 얼음처럼 냉정해야 하고, 태산처럼 진중해야 한다. 촐싹대거나, 감정에 휘둘려선 안 된다. 참모는 보스의 눈과 귀다. 때문에 눈을 어지럽히고, 귀를 어둡게 하는 것은 참모의 금기 사항이다. '천천히 신속하게' 움직이란 말처럼 평상심을 갖고 기민하게 대처해야 한다.

크게 보면, 참모에는 세 가지 유형 혹은 등급이 있다.

첫째는 경세가經世家 혹은 전략가strategist다. 경세가는 말 그대로 세상과 시대를 경영하는 사람이다. 전략가는 전체 흐름을 조절·운영하는 사람이다. 경세가의 전형 정도전은 무려 5백 년 동안 지속한 국가 운영 시스템을 마련했다. 무릇 경세가라면 최소 한 세대는 지속할 시스템이나 정책을 만들어낼 경륜이 있어야 한다. 전략가의 사표 장량은 수많은 전투에서 패했지만 전쟁을 승리로 이끌었다. 대저 전략가라면 작은 성패에 집착하지 않고 전체 대국을 관장할 수 있어야 한다. 경세가와 전략가는 지조를 중시한다. 보스에게 휘둘리지 않고, 세태에 휩쓸리지 않고, 이해에 매달리지 않는다. 보스를 이끌어간다. '노No'를 주저하지 않는다. 루스벨트의 참모 하우가 그 수범垂範이다. 공功을 다투지 않는다. 충성 경쟁도 없다. 오직 공심위상攻心爲上의 정도를 걷는다. 참모 리더십을 온전하게 발휘하는 참모다.

공심위상은 『삼국지』에서 유래한 말이다. 제갈공명이 친히 군대를 이끌고 남방의 이민족이 일으킨 반란을 평정하러 갔다. 출발에 앞서 아끼는 참모인 마속을 불러 의견을 구했다. 읍참마속泣斬馬謖의 주인공인 그 마속이다. 마속이 대답했다. "용병의 길은 마음을 공략함을 위로 여기며, 성을 공격함을 아래로 합니다. 바라건대 공이여, 그 마음을 복종시켜야 합니다." 여기서 '용병의 길은 마음을 공략함을 최고로 여긴다用兵之道 攻心爲上'는 명언이 탄생했다.

공명의 생각도 그와 같았다. 공명은 적을 가볍게 쳐부수고, 적의 수괴를 사로잡았다. 그러나 그는 잡은 수괴를 풀어주었다. 그리곤 싸워서 또 잡고, 또 풀어주었다. 이것을 일곱 번이나 반복했다. 이른바 칠종칠금七縱七擒의 고사다. 일곱 번째 잡히고 나서야 그 수괴는 진심으로 승복했다. 마음으로 굴복한 것이었다. 이후 그는 단 한 번도 공명을 적대하지 않았다고 한다. 이게 바로 공심위상의 묘리妙理다.

공심위상은 현대 마케팅에도 적용되고, 대인 관계에도 적용된다. 요즘 소비자들은 물건만 보지 않는다. 그 기업에 대한 신뢰도가 매우 중요하게 작용한다. 소비자들은 하자를 숨기는 기업보다 솔직히 털어놓고 시정하는 기업을 신뢰한다. '공정 무역'이나 '착한 소비'라는 개념도 마찬가지 맥락에서 나온 것이다. 사람을 사귈 때에도 능력 있는 친구보다 마음을 여는 친구가 더 소중하기 마련이다. 거래처의 담당자를 공략하려면 그 사람의 마음을 얻어야 한다. 보험업계나 자동차 세일즈에서 성공한 사람들을 보라. 대부분 고객의 마음을 감동시켰기 때문이다.

참모의 둘째 유형은 책사策士다. 책사는 일을 도모하기 위한 책策과 약略을 짜내는 사람이다. 책이나 약은 모두 꾀를 뜻한다. 꾀는 일을 잘 꾸며내거나 해결해내거나 하는, 묘한 생각이나 수단이다. 하우스와 모리스가 이 유형이다. 유능한 책사라면 권도權道, 계교, 권모술수에만 능해선 안 된다. 억지나 힘을 능사로 삼아서도 안 된다. 물 흐르듯 자연스럽게 풀어나가야 한다. 아닌 것을 고집해서도 안 되고, 틀린 것을 강요해서도 안 된다. 자신이 선택한 가치에 대해서는 추호의 흔들림도 용납하지 않는 까닭에, 경우에 따라서는 극단적 행위도 서슴지 않는다. 하지만 극히 제한된 경우에만 그렇게 한다. 맺힌 것을 풀어주고, 굽은 것을 펴주고, 막힌 것을 뚫어주어야 한다. 굴드처럼 시종일관 충언을 즐긴다. 항상 마스터플랜을 준비해두고 있다. 다만, 일부 책사에게 재승덕才勝德의 모습이 가끔 보이는 게 단점이다. 부덕不德은 재주 많은 사람에게 하늘이 내린 일종의 천형天刑이다.

셋째는 모사꾼이다. 모사謀士는 짧은 순간에 유용한 간계나 미봉彌縫의 술수를 꾸미는 사람이다. 이간, 음해, 강압, 왜곡, 사기, 거짓말에 능숙하다. 멀리 보지 못하고, 잔꾀에 밝다. 권력에 집執하고, 자리를 탐貪한다. 옳고 그름보다는 유·불리만 따진다. 머리만 있고, 가슴은 없다. 아첨과 변설辨說에 능하다. 모사꾼은 참모 중에서 능력과 품격이 떨어지는 하류다.

아무리 능력이 탁월한 참모라고 할지라도 자경自警, 자계自戒, 자존自尊을 갖지 않으면 모사꾼일 뿐이다. 자신의 안위에 몰강스레 집착하면 모리배에 불과하다.

무릇 참모에 굴하고 천하를 얻는다克天下而屈臣고 했다. 마키아벨리가 말했다. "보스가 명성을 얻는 것은 보스 자신의 소질이 아니라 측근의 좋은 조언에 의한다." 한비자가 말했다. "수준이 낮은 보스는 자신의 능력을 다하고, 평범한 보스는 타인의 힘을 다하며, 뛰어난 보스는 타인의 지혜를 다한다下君盡己之能, 中君盡人之力, 上君盡人之智." 다른 사람의 조언을 잘 듣는 게 성공의 요체라는 말이다. 미국의 대사업가 카네기가 자기 묘비에 이런 글을 남겨달라고 했다. "여기 자기보다 더 능력 있는 사람들을 쓰는 기술을 터득한 사람이 잠들다." 과연 그 기술이 뭘까. 잘 듣는 것이다. 최고로 예우해주는 것이다. 참모에게 머리를 숙이는 것이다. 어차피 나를 위해 일하는데 주지 못할 게 뭐 있으랴. 리더가 펼치는 리더십의 시작은 좋은 참모를 구해 그에게 귀를 열어주는 것이다.

보스는 참모를 소중히 여겨야 한다. 애지중지해야 한다. 익숙해지다 보면 소홀해지는 것이 사람 마음이다. 작은 홀대 때문에 크게 상처받는다. 예컨대, 보스가 곁에 있는 참모의 충언보다 어쩌다 주어지는 촌평을 무겁게 여기면 참모는 입을 닫게 된다. 건의를 수용하지는 않더라도 미적거리며 말도 없이 흐지부지 뭉개는 묵살默殺, pocket veto은 특히 조심해야 한다. 묵살은 말 그대로 말없이 죽이는 행위다. 어떤 것이든 결론을 줘야 한다. 무릇 상대를 귀하게 여기는 것만큼 확실한 동기부여는 없다. 마음이 다치면 그 어떤 보상으로도 치유되지 않는다. 잘못을 탓하고, 실수를 나무라는 것은 좋다. 하지만 마음에 못을 박는 행위는 금물이다.

참모 리더십은 보스를 제대로 설득할 수 있느냐에 달렸다. 좋은 아이디어를 계발해 보스에게 그냥 전하는 것만으로 끝나는 게 아니다. 보스와 참모의 관계는 주고받는give & take 단순 게임이 아니라 밀고 당기는push & pull 복합 게임이다. 보스의 캐릭터와 스타일을 면밀하게 연구해 그에 맞는 설득 기법을 찾아내야 한다. 필요하다면 다양한 방법을 동원해야 한다. 때론 강권強勸하고, 때론 집요하게 반복하며, 때론 말다툼도 마다 않고, 때론 조리 있게 설명하며, 때론 협박하고, 때론 용기를 주는 등 때에 따라 가장 적절한 수단을 동원해야 한다. 이것이 바로 『중용』에서 말하는 시중時中이다. 만해 한용운 선생은 시중을 '수시처중隨時處中'이라고 풀이했다. 즉, 때時에 따라 중中으로 대처한다는 것이다. 어쨌든, 중을 찾아내 보스를 설득함으로써 결국 자신의 뜻대로 움직이게 하는 참모가 유능한 참모다.

그때그때 경우에 따라 편하고 쉽게 이용하는 수단과 방법이 방편이다. 스님이 법을 전하는 데 다양한 방법을 구사하는 방편설법方便說法처럼 참모도 방편에 능해야 한다. 그러나 분명히 할 것이 있다. 아첨은 방편이 될 수 없다. 아첨은 참모가 해서는 안 될 짓이다. 아첨은 비겁한 굴종이다. 미국 속어 스노우 잡snow job은 뻰지르르한 말이나 아부를 통해 속이거나 설득하는 행위를 뜻한다. 스노우 잡, 감언이설, 교언영색은 참모가 멀리해야 할 것들이다. 보스든 참모든 일단 아부에 길들면 그것만 찾기 마련이다. 때문에 경계하고, 자제해야 한다.

위대한 역사에는 위대한 참모가 있었다. 위대한 참모의 멋진 리더십이 있었다. 그 스토리를 들여다보면, 몇 가지 참모 리더십의 요점telling point을 얻을 수 있다. 참모 리더십의 원칙으로 삼아도 좋을 것이다.

첫째 원칙은 마음을 얻는 데 주력하라는 것이다. 사람의 마음은 바다요, 사람의 일은 배다. 바다가 요동치면 배는 전복되기 마련이다. "물은 배를 띄울 수도 있고, 뒤집을 수도 있다水能載舟, 亦能覆舟." 아무리 큰 배라도 마찬가지다. 마음을 잃으면 몰락만 있을 뿐이다. 흥망의 요체가 사람의 마음에 있다. 너와 나, 장삼張三이나 이사李四, 김지이지, 이놈 저놈, 어중이떠중이, 필부나 초부樵夫 할 것 없이 모두 똑같다. 마음을 중시하는 것은 곧 사람을 사랑하는 것이다. 사랑한다는 말은 원래 생각한다는 뜻이었다. 그중에서도 사람을 생각한다는 뜻이었다. 그러니 사랑 중에 사람을 사랑하는 것이야말로 가장 원초적인 것이다.

어떤 일이든 그에 관련된 사람이 있기 마련이다. 그 사람의 마음을 얻는 방법을 찾아내는 것이 참모의 기능이다. 일국을 창업하거나 한 나라를 다스리는 것에 관련된 사람은 백성이다. 백성의 마음은 민심이다. 유방이 진 제국의 도성인 관중關中에 입성해서 아방궁에 머물려고 할 때 장량이 단호하게 제지했다. 민심을 얻기 위해서였다. 일체의 약탈을 금한 것도 같은 이유에서였다. 장량이 연전연패의 유방을 황제로 만들 수 있었던 가장 큰 이유는 민심을 확보하는 데에 충실했기 때문이다.

순욱은 제갈공명조차도 어쩌지 못할 정도의 조조 패권 구도를 일찌감치 정착시켰다. 그 비결은 천자를 옹위해 안정을 도모하라尊王安民는 민의에 따른 것이었다. 정도전이 제일 먼저 토지개혁을 추진한 이유도 민심을 의식한 것이었다. 하우스가 윌슨을 도와 적극적인 개혁 조치를 밀어붙인 것이나, 하우가 노동자 · 농민의 이익을 대변한 것도 같은 이치다. 필립 굴드가 시종일관 당 현대화를 외친 것도 싫든 좋든 이미 변화한 국민의 마음에 조응하려면 그것이 불가피하다고 판단했기 때문이었다.

참모 리더십의 둘째 원칙은 자신의 판단에 충실하라는 것이다. 주관과 객관은 상호 보완해야 하며, 상호 견제해야 한다. 객관을 무시하고 주관이 설 수 없다. 그러나 주관이 없고 객관만 존재한다면 삶은 무의미하다. 모두 똑같은 붕어빵 인생이나 닮은꼴 삶은 있을 수도 없고, 있어서도 안 된다. 내 생각대로, 내 하고 싶은 대로 사는 게 인생이다. 우리는 주관을 드러내는 데 지나치게 인색하다. 객관에 짓눌려 다름을 지레 포기한다. '다들 그렇게 살잖아. 별수 있어. 나도 현실에 따라야지.' 옳지 않다. 틀린 생각이다. 내 인생은 내가 산다. 누가 대신 살아줄 수 없다. 혼자서 왔다가 혼자서 가고, 빈손으로 왔다가 빈손으로 간다. 그렇다면 내 것으로, 주관으로 승부해야 한다. 다른 헛꿈 꾸지 말라.

참모는 선비여야 한다. 신분이나 계층으로서 선비가 되라는 것이 아니다. 올곧은 정신을 가진 인격체로서 선비가 되라는 것이다. 바른 선비는 어떠해야 하나? 호사카 유지라는 사람의 정리다.

> "선비는 자신이 학문을 연마하는 가운데서 얻은 소신을 거침없이 주장할 수 있는 사람이어야 한다. 그러므로 자신의 신념에 어긋나는 언행을 강요받을 수 있는 관직을 탐낸다면 그 사람은 선비라고 할 수 없다. 선비란 출세나 명예보다 자신의 소신을 인생관과 언행의 중심축으로 삼고 사는 사람이다. 그리고 관직을 얻었다고 해도 자신의 신념을 굽히지 말아야 하며 윗사람에게 아부하지 않고 소신 있게 행동하는 사람이어야 한다."

주관을 중시하는 것이 이해타산이나 자기 보신을 앞세우라는 것은 아니다. 또 자신의 판단에 충실하라고 해서 아집이나 독선에 빠져도 좋다는 것도 아니다. 주관과 독선의 경계는 사실 모호하다. 양자를 구분하는 기준은 없다. 결과만으로 구분하기도, 따르는 사람의 숫자로 준별峻別하기도 어렵다. 그렇다면 어떻게 해야 하는가. 할 수 있는 한 세심하게 살피고, 최대한 신중하게 선택하는 게 최선이다. 결과는 하늘에 맡길 따름이다. 공자도 이렇게 말했다. "군자는 천하에 대하여 무조건 꼭 그래야 한다는 것도 없으며, 절대로 안 된다는 것도 없다. 도리에 견주어 실행한다君子之於天下也 無適也 無莫也 義之與比."

참모 리더십의 셋째 원칙, 자리를 탐해서는 안 된다.

자리는 음식과 같다. 음식을 허겁지겁 삼키면 체하기 십상이다. 식은 죽도 후후 불어서 먹어야 한다. 또 음식이란 것이 기름진 산해진미를 먹어야 배가 부른 게 아니다. 오히려 살만 찌고, 질병에 약해진다. 많이 먹으면 먹을수록 배가 커진다. 한번 배가 커지면 계속 많이 먹어야 한다. 악순환이다. 따라서 바른 자세로 천천히, 그리고 적당히 먹어야 한다. 자리나 벼슬이나 직책도 과욕은 좋지 않다.

참모가 자리를 탐하지 않아야 하는 이유는 또 있다. 아무리 좋은 참모의 탁견卓見이라도 보스가 채택하지 않으면 무용지물이다. 세상에 어느 보스나 리더도 자기 자리를 빼앗기고 싶어하지 않는다. 참모에게 좋은 자리를 양보할 생각이 없다. 따라서 참모가 자리를 놓고 보스와 경쟁하는 것은 역린逆鱗을 건드리는 것이다. 용의 턱 아래에 거슬러 난 비늘이 역린이다. 『한비자』에 나오는 말이다. 이것을 건드리면 용이 노한다. 당연히 조심하고, 경계해야 한다.

지피지기는 지피知彼하고 지기知己하는 것이다. 둘 중에서 지기가 더 어렵다. 마음을 비우기가 어렵기 때문이다. 만약 욕심을 털어낸다면 나를 가장 잘 아는 것은 결국 나다. 잘 헤아리면 과연 내가 그 자리를 감당할 수 있는지 알 수 있다. 기회가 주어졌다고 해서 스스로를 헤아려보지 않고 덥석 받을 일이 아니다. 누군들 욕심이야 왜 없겠는가. 심성이 가장 지독한 게 '인사人事의 신神'이다. 인사의 신은 잘못된 인사에 대해 결코 용서하는 법이 없다. 끝까지 악착을 부리는 악신이다. 감당할 수 없는 재목이라면 기필코 패가망신시킨다. 어떤 경우 차디찬 감방에 밀어 넣기도 한다. 죽음을 강요하기도 한다. 인사의 신은 나아가 인사권자에게도 책임을 가혹하게 묻는다. 참모에게 자리를 잘못 주어 몰락한 사람이 어디 한둘인가.

권력을 즐기지 말라. 참모 리더십의 넷째 원칙이다.

무엇인가 이루기 위해서는 권력이 필요하다. 그런데 권력이란 마약이다. 잘 쓰면 약이지만, 과하게 쓰면 중독된다. 심신을 갉아먹어 마침내 죽음에 이르게 한다. 권력은 매순간 자제하고, 경계해야 한다. 권력은 예외 없이 대가를 요구한다. 행사한 것보다 훨씬 많은 대가를 강요한다. 권력은 극도로 아껴써야 한다. 약간의 틈만 허용해도 권력은 도덕과 법의식을 마비시킨다.

우리말에 허발이란 말이 있다. 몹시 굶주려 있거나 궁해 체면 없이 함부로 먹거나 덤비는 것을 말한다. 권력에 허발하면 안 된다. 교활狡猾은 상상의 동물이다. 교狡의 모양은 개다. 온몸에 표범의 무늬가 있으며, 머리에는 소뿔을 달고 있다. 활猾은 교의 친구다. 생김새는 사람이다. 온몸에 돼지털이 숭숭 나 있고, 동굴 속에 살며 겨울잠을 잔다. 교와 활은 길을 가다가 호랑이를 만나면 몸을 똘똘 뭉쳐 조그만 공처럼 변해서 제 발로 호랑이 입속으로 뛰어들어 내장을 마구 파먹는다. 호랑이가 그 아픔을 견디지 못해 뒹굴다가 죽으면 그제야 유유히 걸어 나와 미소를 짓는다. 여기서 교활한 미소라는 관용구가 생겨났다. 권력이란 놈이 곧 교활이란 짐승과 같다. 권력을 통째로 삼키면 안 된다. 권력을 독점하고, 농단하면 그 사람을 끝내 죽음으로 내몰고 만다. 권력의 교활한 미소에 당하지 않도록 조심해야 한다.

권력에 대해선 먼저 자진해서 불화를 조장하는 것이 최선이다. 그것은 바로 절제와 경계다. 장량은 항상 몸을 낮추었다. 그래서 '화광동진 곡기장신和光同塵 曲己藏身'이란 평을 듣는다. '날카로운 빛을 발하는 재능을 가졌으면서도 그것을 부드럽게 하여 속세의 먼지처럼 몸을 낮춘 채 스스로를 굽혔다.' 권력이란 칼에는 날만 있을 뿐 손잡이가 따로 없다. 따라서 담백한 처신, 그것만이 성공한 참모가 유종의 미를 거둘 수 있는 유일한 비결이다.

다섯째, 서두르지 말라. 일찍 핀 꽃이 먼저 시들기 마련이다. 물론 피어야 할 때는 피어야 한다. 일찍 시들기 싫어 일찍 피는 것을 두려워할 필요는 없다. 또 아직 꽃을 피우지 못하고 있다고 해서 낙담할 필요도 없다. 서두를 것도 없다. 꽃은 언젠가 핀다. 정작 걱정할 것은 다른 것이다. 피기 전에 어떤 삶을 살았느냐가 얼마나 화려한 꽃을 피울지를 결정한다는 사실이다. 지금에 충실해야 한다. 미친 듯이 곰파고, 죽으라고 준비해야 한다. 나중에는 시간이 없다. 골이 깊어야 산이 높다.

참모는 보스를 '추종followship'해선 안 된다. '한발 앞서야one-upmanship' 한다. 쫄랑쫄랑 따라다니며 지시나 받을 게 아니라 한발 먼저 생각하고 움직여야 한다. 유능한 참모는 기존의 해답, 다수의 통념을 그냥 받아들이지 않는다. 눈에 보이는 틀에 얽매이지 않는다. 여기에 앞에서 던진 문제의 해답이 있다. 즉, 9개의 점이 은연중에 형성한 테두리 안에서만 해답을 찾지 말라는 것이다. 먼저 보고, 넓게 보고, 뒤집어 보고, 깊이 보고, 다시 보는 것이 유능한 참모의 성공 비결이다.

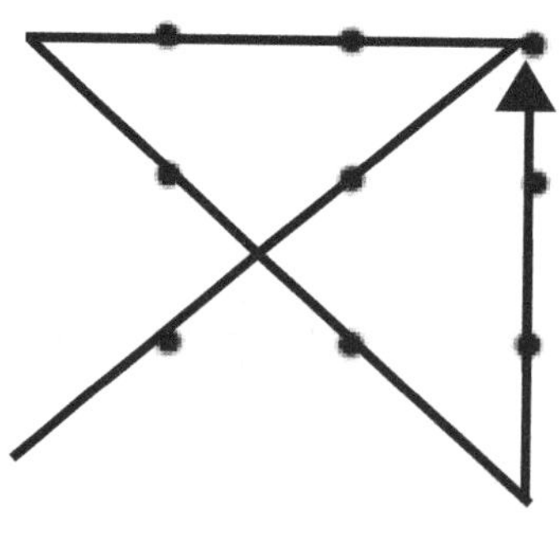

보스와 참모는 적당한 긴장 속에서 아름다운 결실을 얻는다.

소위 '개원의 치開元之治'를 자랑하는 당 현종에게는 두 명의 명신이 있었다. 요숭姚崇과 송경宋璟이다. 현종은 두 사람이 문안을 오면 비록 신하인 그들이지만 반드시 자리에서 일어나 맞았다. 퇴근할 때도 반드시 궁전의 처마까지 나가 배웅했다. 훗날 한휴韓休가 두 사람의 뒤를 이었다. 그는 너무도 엄격했다. 직언을 서슴지 않아 현종이 불편해할 정도였다.

한 신하가 말했다.

"한휴가 재상이 된 뒤로 폐하는 매우 수척해지셨습니다."

언중유골言中有骨이라, 한휴를 경질하라는 뜻이 포함돼 있었다.

현종이 대답했다.

"한휴 덕분에 나는 야위었다. 그러나 천하는 살찌지 않았는가."

이것이 참모 리더십이다.

참고 문헌

강준만, 『이건희 시대』, 인물과사상사, 2006.

강효석 편저, 권영대 외 역, 『조선왕조 오백년의 선비정신 상/하』, 화산문화, 1996.

고세훈, 『영국노동당사』, 나남출판, 1999.

김병윤, 『고르디우스의 매듭』, 두레스경영연구소, 2007.

김성홍 · 우인호, 『이건희 개혁 10년』, 김영사, 2003.

김용장, 『또 하나의 삼국지』, 범우사, 1997.

김용철 외, 『삼성왕국의 게릴라들』, 프레시안북, 2008.

김용택 편, 『삶이 너에게 해답을 가져다 줄 것이다』, 마음의 숲, 2008.

김용택, 『시가 내게로 왔다 2』, 마음산책, 2008.

김유 편, 『정정당당』, 박문각, 1995.

김진섭, 『조선건국기 재상열전』, 지성사, 1998.

김충식, 『남산의 부장들』, 동아일보사, 1992.

김홍경, 『조선초기 관학파의 유학사상』, 한길사, 1996.

나관중, 이문열 평역, 『삼국지 1~10』, 민음사, 1989.

노먼 오거스틴 · 케네스 아델만, 홍윤주 역, 『셰익스피어를 모르면 21세기 경영은 없다』, 푸른샘, 2000.

니코스 카잔차키스, 이윤기 역, 『그리스인 조르바』, 열린책들, 2006.

데이빗 히넌 · 워렌 베니스, 최경규 역, 『위대한 이인자들』, 좋은책만들기, 2000.

렁청진 편저, 김태성 역, 『변경』, 더난출판, 2003.

마가미 료우조오, 유승분 역, 『중국의 인간전략』, 명인, 1992.
말콤 클래드웰, 임옥희 역, 『티핑 포인트』, 이끌리오, 2000.
모리야 히로시, 김승일 역, 『인물삼국지』, 범우사, 1999.
바바라 터크먼, 김인성 역, 『세계 역사를 바꾼 짐머만의 전보』, 평민사, 2003.
박기봉 역주, 『맹자』, 비봉출판사, 1992.
박숙희 편저, 『뜻도 모르고 자주 쓰는 우리말 사전』, 책이있는 마을, 2005.
박영규, 『한권으로 읽은 고려왕조실록』, 들녘, 1996.
박윤규, 『우리 역사를 움직인 20인의 재상』, 미래M&B, 1999.
박정기, 『어느 할아버지의 평범한 리더십 이야기』, 을지서적, 1997.
버락 오바마, 이경식 역, 『내 아버지로부터의 꿈』, 랜덤하우스, 2008.
버락 오바마, 홍수원 역, 『담대한 희망』, 랜덤하우스, 2008.
변태섭, 『수험한국사』, 법문사, 1990.
부남철, 『조선시대 7인의 정치사상』, 사계절, 1996.
사마천, 김원중 역, 『사기열전 상/하』, 을유문화사, 2003.
사마천, 김진연 편역, 『사기 2』, 서해문집, 2002.
사카이야 다이치, 양억관 역, 『일본을 이끌어 온 12인물』, 자유포럼, 1997.
슈테판 츠바이크, 안인희 역, 『정신의 탐험가들』, 푸른숲, 2000.
스콧 피츠제럴드, 김욱동 역, 『위대한 개츠비』, 민음사, 2006.
스티븐 베크너, 김경종 · 최남호 역, 『경제대통령 그린스펀』, 한울, 2001.

시바 료타로, 양억관 역, 『항우와 유방 1~3』, 달궁, 2002.
시오노 나나미, 오정환 역, 『마키아벨리 어록』, 한길사, 1996.
신봉승, 『신봉승의 조선사 나들이』, 답게, 1996.
신연우 · 신영란, 『제왕들의 책사』, 생각하는백성, 2001.
심백준 · 담량소, 정원기 외 역, 『삼국지 사전』, 범우사, 2000.
안도현, 『그 작고 하찮은 것들에 대한 애착』, 나무생각, 2008.
안도현, 『그대에게 가고 싶다』, 푸른숲, 2008.
안도현, 『너에게 가려고 강을 만들었다』, 창비, 2007.
안도현, 『외롭고 높고 쓸쓸한』, 문학동네, 2008.
양판, 김태성 역, 『정관정요에서 배우는 난세를 이기는 지혜』, 예담, 2003.
오기평, 『현대국제기구정치론』, 법문사, 1983.
유순하, 『신화는 없다』, 고려원, 1995.
윤내현, 『상주사』, 민음사, 1988.
이구한 편, 『이야기 미국사』, 청아출판사, 2000.
이기석 역해, 『육도삼략』, 홍신, 1990.
이덕일 외 17인, 『역사의 길목에 선 31인의 선택』, 푸른역사, 1999.
이덕일, 『당쟁으로 보는 조선역사』, 석필, 1997.
이병주, 『정도전』, 큰산, 1993.
이상옥 역해, 『관자』, 명문당, 1985.
이상우, 『제3공화국 2』, 중원문화, 1993.
이철희, 『디브리핑-클린턴과 블레어, 그리고 그 참모들』, 운주사, 2002.
입간상개 외, 정성환 편역, 『인물로 보는 중국역사』, 신원문화사, 1994.

장세진, 『삼성과 소니』, 살림Biz, 2008.
장정일 외, 『삼국지 해제』, 김영사, 2003.
장정일, 『장정일 삼국지 1~10』, 김영사, 2004.
정원기 편, 『매니아를 위한 삼국지』, 청양, 2000.
조돈문 · 이병천 · 송원근, 『한국사회, 삼성을 묻는다』, 후마니타스, 2008.
조성기, 『굴원의 노래』, 한길사, 1990.
조유식, 『정도전을 위한 변명』, 푸른역사, 1997.
존 모턴 블럼, 최웅 외 역, 『혁신주의 대통령들』, 소나무, 1999.
존 소펠, 김구철 역, 『토니 블레어』, 당대, 1997.
진수, 김원중 역, 『정사 삼국지 1~7』, 신원문화사, 1994.
진순신, 권순만 외 역, 『중국의 역사 1~5』, 한길사, 1995.
진순신, 서석연 역, 『중국걸물전』, 서울출판미디어, 1996.
찰스 F. 파버 & 리처드 B. 파버, 김형곤 역, 『대통령의 성적표』, 혜안, 2003.
천징, 김대환 · 신창호 역, 『위대한 폭군 진시황 평전』, 미다스북스, 2001.
최명, 『삼국지 속의 삼국지 1, 2』, 인간사랑, 2003.
최완수, 『조선왕조 충의열전』, 돌베개, 1998.
최용범, 『13인의 변명』, 청년사, 2002.
최웅 · 김봉중, 『미국의 역사』, 소나무, 1997.
케이티 마튼, 이창식 역, 숨은 권력자, 퍼스트레이디』, 이마고, 2002.
편집부 편, 『한국인이 가장 좋아하는 명시 100선』, 민예원, 2008.
프레드릭 맥스웰, 안진환 역, 『살아있는 신화 스티브 발머』,

한국경제신문사, 2003.

한국경제신문 특별취재팀, 『삼성전자 왜 강한가』, 한국경제신문사, 2004.

한국시인협회 편, 『시인들이 좋아하는 한국 애송 명시』, 문학세계사, 2008.

한영우, 『왕조의 설계자 정도전』, 지식산업사, 1999.

호사카 유지, 『조선의 선비와 일본의 사무라이』, 김영사, 2007.

홍사중, 『리더와 보스』, 사계절, 1997.

홍하상, 『이건희』, 한국경제신문사, 2003.

홍하상, 『세계를 움직이는 삼성의 스타 CEO』, 비전코리아, 2005.

김기홍, 「난 이 회장 아이디어 실현하는 현장 사령관」, 『조선일보』, 2006. 10. 14

이광희 · 최유식, 「이학수 부회장이 말하는 '삼성 그리고 나의 인생'」, 『조선일보』, 2006. 10. 14

고재열, 「인문학에 빠진 이학수 전 삼성그룹 부회장」, 『독설닷컴』, 2008. 10. 27

이형삼, 「이학수 삼성 구조조정본부장 "회장 재산은 조兆 단위, 수백억 아껴서 화 자초 했겠나?"」, 『신동아』 통권 537호, 2004. 6

구영식, 「이재용, 회장 취임하면 리더십 발휘할 것」, 『오마이뉴스』, 2007. 10. 2

Blum, John M., *Joe Tumulty and the Wilson Era*, H.M, 1951.

Burns, James M., *Roosevelt, The Lion And The Fox*, Konecky & Konecky, 1984.

Clements, Kendrick A., *Woodrow Wilson*, Ivan R. Dee, 1999.

Farley, James A., *Behind the Ballots*, Harcourt Brace, 1938.

Flynn, Edward J., *You're the Boss*, The Viking Press, 1947.

Freidel, Frank, *Franklin D. Roosevelt*, Little, Brown and Company, 1990.

George, Alexander L. & Juliette L., *Woodrow Wilson and Colonel House*, Dover Publications, 1964.

Gergen, David, *Eyewitness to Power*, Simon & Schuster, 2001.

Gould, Philip, *The Unfinished Revolution*, Little, Brown and Company, 1998.

Ignatius, Adi(ed.), *President Obama : The Path to The White House*, Time, 2008.

Moley, Raymond, *After Seven Years*, Harper and Brothers, 1939.

Morris, Dick, *Behind the Oval Office*, Random House, 1997.

Perkins, Frances, *The Roosevelt I Knew*, The Viking Press, 1946.

Rollins, Alfred B. Jr., *Roosevelt and Howe*, Transaction Publishers, 2001.

Rosenman, Samuel I., *Working with Roosevelt*, Harper and Brothers, 1952.

Stephanopulous, George, *All Too Human*, Little, Brown and Company, 1999.

Stiles, Lela, *The Man Behind Roosevelt*, The World Publishing, 1954.

Thomas, Evan, *Back from the Dead*, Atlantic Monthly Press, 1997.

Tumulty, Joseph P., *Woodrow Wilson as I know him*, Garden City Publishing, 1921.

Viereck, George S., *The Strangest Friendship in History*, Greenwood Press, 1976.

이철희 _ rcmlee@naver.com

1964년 경북 영일에서 태어나 고려대학교 정치외교학과를 졸업하고 동 대학원에서 석사학위를 받았다. 대학원 시절 여러 대학의 소장학자들이 모여서 만든 학술운동단체인 한국정치연구회에 참여해 운영위원으로 활동했다. 군 제대 후 국회의원 비서관으로 사회생활을 시작해 한국정보화전략연구소 기획위원, 컨설팅 회사 RCM의 기획실장을 역임했다.

국민의 정부 시절 청와대 정책II 행정관으로 재직하며 옷로비 사건과 맞닥뜨려 사직동팀의 해체 등 무조건 민의에 따를 것을 건의하는 보고서를 올렸다. 의약 분업과 관련해서는 정교한 정책 디자인과 세심한 프로세스 관리를, 사법 개혁과 관련해서는 과감한 드라이브를 건의했다. 청와대를 떠나서는 다시 국회에 들어가 보좌관으로 일했고, 이어 문화관광부 장관 직속 21세기문화정책위원회 사무국장, 대한핸드볼협회 이사, 국회 정책연구위원 등을 지냈다. 국회, 청와대, 행정부의 기획 파트를 두루 경험한 보기 드문 경력을 갖고 있으며, 기획력과 전략 수립 능력이 뛰어나다는 평을 듣는다.

현재 KSOI(한국사회여론연구소) 컨설팅 본부장 겸 수석 애널리스트로 일하고 있다. 저서로 『디브리핑-클린턴과 블레어 그리고 그 참모들』, 『1인자를 만든 참모들』, 『어드바이스 파트너』 등이 있다.

1인자를 만든 2인자들 2권 [큰글자도서]

발 행 일 : 2010년 5월 24일
지 은 이 : 이철희
발 행 처 : BF북스
발 행 인 : 김동복
주 소 : 서울시 성동구 아차산로17길 57 일신건영휴먼테코 1203호
전 화 : 02)3426-7511
팩 스 : 02)3426-7502
전자우편 : kbraille@naver.com
홈페이지 : www.kbraille.net

ISBN 978-89-93793-86-4
ISBN 978-89-93793-87-1 (세트)

이 책은 큰글자도서로 출간하면서 두 권으로 나누어서 편집되었습니다.
잘못된 책은 바꾸어 드립니다. 값은 뒤표지에 있습니다.